Juan Diego López-Arquillo

LA FILOSOFÍA CONSTRUIDA
A propósito de la casa Wittgenstein

López-Arquillo, Juan Diego
  La filosofía construida : A propósito de la casa Wittgenstein / Juan Diego López-Arquillo - 1a ed . - Ciudad Autónoma de Buenos Aires : Diseño, 2021.
  264 p. ; 21 x 15 cm. - (Textos de arquitectura y diseño / Camerlo, Marcelo)
  ISBN 978-1-64360-394-0
  1. Arquitectura . 2. Historia. 3. Investigación. I. Título.
  CDD 720.1

Textos de Arquitectura y Diseño

Director de la Colección:
Marcelo Camerlo, Arquitecto

Diseño de Tapa:
Liliana Foguelman

Diseño gráfico:
Cecilia Ricci

Dibujo de tapa: "Patoconejo" ("Rabbitduck") ilustración aparecida el 23 de Octubre de 1892 en la revista Fliegende Blätter, semanario de humor alemán editado entre 1845 y 1944 en Münich

Hecho el depósito que marca la ley 11.723

La reproducción total o parcial de esta publicación, no autorizada por los editores, viola derechos reservados; cualquier utilización debe ser previamente solicitada.

© de los textos, Juan Diego López-Arquillo
© de las imágenes, sus autores
© 2021 de la edición, Diseño Editorial

ISBN: 978-1-64360-394-0
ISBN EBOOK: 978-1-64360-395-7

Junio de 2021

Juan Diego López-Arquillo

LA FILOSOFÍA CONSTRUIDA
A propósito de la casa Wittgenstein

diseño

LA FILOSOFÍA CONSTRUIDA. A PROPÓSITO DE LA CASA WITTGENSTEIN

A la memoria de Francesco, mi querido cuñado,
con el que tanto me hubiera gustado
seguir hablando de filosofía, de historia
y de la vida...

ÍNDICE

8   PRÓLOGO POR JUAN CALATRAVA

14 NOTA DEL AUTOR

18 INTRODUCCIÓN

22 **PARTE I. FILOSOFÍA Y PROYECTO DE ARQUITECTURA**
31 ¿POR QUÉ CONCRETAMENTE LA CASA WITTGENSTEIN?
33 CONTEXTO
38 LA VIDA IMBRICADA CON EL ESPACIO
44 UBICACIÓN Y LIBERTAD
60 LA REPRESENTACIÓN DE LA REALIDAD

66 **PARTE II. REDUCCIÓN DE ELEMENTOS**
68 PROCESOS DE PROYECTO. NEUROSIS Y ESQUIZOFRENIAS
81 KITSCH Y MOBILIARIO
87 EL COLOR
92 EL MATERIAL
99 LA LUZ

106 **PARTE III. RELACIÓN DE SISTEMAS**
108 MEDIDAS Y PROPORCIONES
126 LA ESTRUCTURA
136 LA RELACIÓN INTERIOR- EXTERIOR
144 TRANSICIONES
152 ENCUENTROS Y DETALLES

156	LA MANIPULACIÓN, LA INTERFAZ
161	LA HABITABILIDAD
168	LA REPRESENTATIVIDAD
176	EL TIEMPO
184	EL MOVIMIENTO
192	PARTE IV. AMPLIAR LA NOCIÓN DEL HABITAR
194	CONSTRUIR PARA PERMANECER FUERA DEL TIEMPO LINEAL
197	ESTRUCTURAR DESDE LA HISTORIA
204	ACTIVAR LOS ESPACIOS MEDIANTE LA ACCIÓN
211	PROYECTAR LA VERDAD
216	PARTE V. LA ARQUITECTURA QUE CAMBIÓ EL MUNDO
226	COLOFÓN. APORTACIONES AL PROYECTO CONTEMPORÁNEO
227	LECCIONES DE LA CASA WITTGENSTEIN PARA LA CALIDAD DE LA ARQUITECTURA
235	10 RETOS AL PROYECTO DE ARQUITECTURA DESDE LAS CASAS DE LA FILOSOFÍA
242	NOTAS
260	BIBLIOGRAFÍA

PRÓLOGO

Accedo con gran placer a la amable invitación de Juan Diego López Arquillo a prologar con unas palabras este libro, una obra que deriva de la tesis doctoral presentada por el autor en la Universidad Politécnica de Madrid en febrero de 2013 y de cuyo tribunal tuve el honor de formar parte. Ya en aquella ocasión todos los miembros de la comisión encargada de evaluar la tesis coincidimos en la altísima calidad científica del trabajo y le otorgamos, en consecuencia, la máxima calificación. Me complace ahora tener una nueva oportunidad de reiterar esa valoración absolutamente positiva para esta nueva versión de su investigación que, obviando ya el formato académico que entonces resultaba obligado, se ha convertido en un libro diferentemente estructurado.

Y quizás lo primero que hay que decir sobre el libro que el lector se dispone a abrir es que es difícil de ubicar en los estantes de una biblioteca o de una librería. Si nos dejamos llevar por el afán clasificatorio que impregna a buena parte de nuestra cultura, cabrían al menos dos posibilidades: podríamos colocarlo en la sección "Arquitectura", porque trata sobre una casa (sobre su historia, su proyectación, su construcción, el modo en que sus habitantes la vivieron, sus avatares posteriores...). Pero también tendríamos sobradas razones para depositarlo en la sección "Filosofía", no sólo porque el ideador de dicha casa fuese Ludwig Wittgenstein, que no era arquitecto y que sí fue, en cambio, uno de los más grandes pensadores del siglo XX, sino también porque la propia arquitectura de la casa puede leerse como un verdadero, manifiesto filosófico. Adquirir dos ejemplares y colocar uno en cada ámbito sería una solución fácil, pero, amén de poco práctica, no haría justicia a la esencia de este libro, que reside justamente en la plena conciencia de su situación fronteriza.

Convendría acordarse en este punto de Aby Warburg, la importancia de cuyas incómodas ideas ha sido reconocida sólo recientemente. En su célebre biblioteca de Hamburgo, Warburg trastocó por completo las clasificaciones bibliográficas tradicionales. Su radical reordenación de los libros bajo lo que llamaba la "ley del mejor amigo" permitía vislumbrar un modo alternativo de organizar la cultura en el que las hibridaciones, los contactos y la revalorización de toda la riqueza potencial de los territorios limítrofes entre disciplinas sustituían a la obsesión por las compartimentaciones claras y distintas del saber.

En efecto, no es el menor de los puntos de interés de la extraordinaria investigación llevada a cabo por Juan Diego López Arquillo el obligarnos a que nos preguntemos por su lugar disciplinar. El título del libro, *La filosofía construida*, es bien significativo, ya que no es casual que el objeto central del estudio, la casa proyectada por Ludwig Wittgenstein para su hermana Margarete (Gretl) y edificada entre 1926 y 1928, aparezca sólo en el subtítulo. Es una decisión que está lejos de ser arbitraria, porque permite comprender, ya desde el inicio, que nos encontramos ante un estudio que desborda el simple análisis monográfico de una obra arquitectónica, por importante que sea, y se plantea, a partir del mismo, cuestiones intelectuales de amplio alcance global: en este caso, la controvertida y nada cómoda relación entre Arquitectura y Filosofía. Se trata de una relación extremadamente rica en matices y derivaciones pero que es cualquier cosa menos un matrimonio feliz, y el autor es plenamente consciente (es más: hace de ello su principal línea argumental) de las chispas que saltan entre el mundo de las ideas y el del proyecto arquitectónico y su construcción, entre pensadores y arquitectos. La maestría expositiva y el rigor conceptual con que Juan Diego López Arquillo sabe combinar esos dos niveles de análisis constituyen, sin duda, una de las principales aportaciones de este libro.

Se trata, por otro lado, de un libro que no hubiese sido posible no ya escribir sino ni tan siquiera pensar de no haber mediado la profunda revisión historiográfica de la arquitectura contemporánea llevada a cabo en las últimas décadas. Al cuestionar el relato monolítico y sin fisuras creado en los años heroicos del Movimiento Moderno, dicha revisión ha desbloqueado nuestra visión de la arquitectura del siglo XX y nos ha ofrecido de repente un panorama mucho más rico en matices y articulaciones que, entre otras cosas, nos ha permitido por fin comprender toda la trascendencia de obras que, como la casa de Wittgenstein, encajaban mal en el lecho de Procusto del discurso oficial y se resistían a cualquier tentativa clasificatoria.

Es en este panorama de desbloqueo epistemológico en el que hay que entender el hecho de que la relación Arquitectura-Filosofía haya llamado recientemente la atención de numerosos investigadores. Figuras como Gaston Bachelard, Martin Heidegger o el propio Wittgenstein aparecen ya de manera habitual entre las referencias de la docencia y la investigación en arquitectura. Y, si la cabaña de Heidegger en la Selva Negra forma ya parte, sin ningún problema, del imaginario arquitectónico contemporáneo, lo mismo ha ocurrido con la mucho más austera habitación primordial que se construyó Wittgenstein en el fiordo noruego Skjolden (objeto de un minucioso estudio por parte de Enrique Clemente en su tesis doctoral *El proyecto de la casa de Ludwig Wittgenstein en Skjolden, Noruega*).

La casa que el filósofo diseñó para su hermana en la Kundmanngasse de Viena venía siendo objeto de una creciente atención desde los años ochenta. El autor de este libro demuestra conocer perfectamente el estado de la cuestión y las sucesivas etapas de este redescubrimiento. Y, sobre estas bases, pero beneficiándose al mismo tiempo de la posibilidad de llevar a cabo un riguroso trabajo de campo in situ, ha replanteado desde su mismo fundamento el análisis de la casa y ha producido el que es sin duda alguna el estudio más profundo de la misma hasta el momento.

El lector encontrará aquí, por supuesto, una detallada reconstrucción de la historia proyectual y constructiva de la casa y una minuciosa descripción de sus espacios y de las múltiples decisiones que los conformaron (desde las dimensiones de las habitaciones hasta el estudio de los huecos y sus relaciones con los muros, desde la meditada elección de las cerrajerías y carpinterías hasta el papel central que en la definición espacial juega el magistral uso de la luz).

Encontrará todo ello, ciertamente, pero encontrará mucho más, porque de este libro se puede decir con toda certeza aquello de que el resultado es mucho más que la mera suma de las partes. De hecho, cada una de las miradas en que el autor descompone su acercamiento a la casa tiene que ver con una gran cuestión en la que desde la casa Wittgenstein saltamos a problemas de índole más general.

Así, por ejemplo, el prejuicio –a menudo no explicitado pero no por ello menos real- que ha pesado sobre Wittgenstein por su condición de no arquitecto, como si la casa fuese el trabajo de un dilettante, lleva a Juan Diego López Arquillo a un detallado escrutinio de las problemáticas relaciones del filósofo con el arquitecto Paul Engelmann y con otras figuras de la escena vienesa, en especial un Adolf Loos con el que tantos puntos en común presenta. Y ello con profundas implicaciones en la propia concepción del proyecto arquitectónico, que el autor nos presenta acertadamente como un proceso de pensamiento en sí mismo y no como la simple materialización mecánica (al modo platónico) de una idea pura previa.

En este mismo sentido hay que entender el brillante análisis que se lleva a cabo sobre la problemática filosófica del dibujo técnico desde el punto de vista del filósofo (la representación dibujística como una pérdida de pureza) o sobre el famoso rigor matemático de Wittgenstein, que constituye el fundamento de ese proceso de depuración hasta la destilación de una única opción final dominada por una exigencia de precisión que resultaría incomprensible fuera de los esquemas del pensamiento wittgensteiniano (como en el caso de la famosa anécdota de los tres centímetros de diferencia en el techo de una de las salas).

Del mismo modo, el pormenorizado estudio del proceso de construcción de la casa nos permite vislumbrar temas de gran hondura conceptual y no meramente constructiva en sentido estricto, como la síntesis entre lo natural y lo artificial, entre lo manual y lo industrial, que tiene que ver con la coexistencia del hormigón, el ladrillo, el metal, la madera, el vidrio... O la dimensión filosófica que asume la propia estructura, situada entre tradición y modernidad constructiva y aspecto esencial de la refundamentación de la relación interior-exterior (la función del muro, el papel de las ventanas verticales, etc.). O el particular uso de la austera gama cromática (el tono oscuro de cerrajerías y carpinterías), de la sombra y de los contrastes entre luz natural y artificial (con esas lámparas que nada tienen que ver con la problemática estética del *design* al modo de los Wiener Werkstätte y sí con la enjundia filosófica de la luz) como herramientas para la abstracción.

Frente al arquetipo de la cabaña aislada como retiro filosófico (la construcción que Wittgenstein elegirá para sí mismo en Noruega), la casa para su hermana constituye una profunda revisión de la tipología de la residencia urbana de élite. El filósofo afronta la relación con la ciudad y la casa no deja de ser una nueva variante de la compleja dialéctica entre lo individual y lo masivo, resuelta en esta ocasión con la opción por un contacto alejado y altivo con su entorno urbano. La atención que Juan Diego López Arquillo presta al plinto sobreelevado convierte a éste en el símbolo de ese distanciamiento deliberado.

Y es que no puede olvidarse –y desde luego el autor no lo hace- que la casa, aunque proyectada por un filósofo, no era un espacio para la filosofía, sino el escenario para la vida de la familia Stonborough-Wittgenstein. Lo que la casa pone en escena es el conflicto entre un ideal filosófico de austeridad conceptual (no material) y el habitual estilo de vida de la clase alta vienesa (ridiculizado por Adolf Loos en su escrito *Pobre hombre rico*). En la medida en que Ludwig consiguió contagiar a su hermana de ese ideal, adquiere así toda su trascendencia el análisis de las cuestiones relacionadas con el mobiliario y los objetos decorativos (o más bien su clamorosa escasez). Pero el choque entre la abstracción pura y los avatares del habitar era inevitable. El magistral estudio de cómo los habitantes de la casa con sus propios movimientos cuestionan una y otra vez la pureza del diseño original no hace sino poner de manifiesto la irresoluble tensión entre la idea y la vida.

Creo que todo lo dicho permite, por último, comprender mejor lo oportuno de esta publicación: nos encontramos no sólo (y ya eso es mucho) ante una profunda investigación de una importante obra de arquitectura contemporánea que hasta hace bien poco permanecía en el olvido, sino ante una reflexión de alcance global en la que la historia proporciona argumentos para el debate estrictamente contemporáneo. Y es que las preguntas que se hizo Wittgenstein hace prácticamente un siglo cuando tuvo que afrontar el diálogo entre arquitectura y pensamiento siguen siendo las mismas que, *mutatis mutandis*, continúan interpelándonos hoy.

Procede, por todo ello, terminar estas breves palabras con una doble felicitación. La primera, por supuesto, a Juan Diego López Arquillo, por este trabajo que no sólo arroja luz sobre un importante y hasta ahora poco conocido episodio de la arquitectura contemporánea sino que nos incita a reflexionar sobre problemas teóricos de primer orden. Pero, en segundo lugar, hay que extender esta felicitación a Nobuko/Diseño editorial y su Colección Textos de Arquitectura y Diseño, que desde hace años viene poniendo a nuestro alcance —seguro que con un esfuerzo ímprobo que sin duda sólo los propios editores conocen- un impresionante elenco de las más recientes e interesantes reflexiones sobre arquitectura. Para ambos, autor y editores, mi agradecimiento como lector, como investigador y como docente de Arquitectura.

Juan Calatrava

NOTA DEL AUTOR

Con la distancia que nos regala el tiempo, esperaba paciente el tiempo de poder sintetizar el trabajo estructurado de mi tesis doctoral para divulgación en este libro, y que por diversos motivos no había podido acometer hasta ahora. Son temas de pasión y fruición personal, que debo a mi padre por su amor por la historia transmitida en tantas conversaciones de mi juventud y en tantos libros de historia, filosofía y clásicos, a mi madre, por su espíritu científico, y que, como para todo y gracias a sus sacrificios por sus hijos, han hecho que aquellas curiosidades juveniles sean hoy una pasión y una profesión.

Esta pasión, que lo es también por la profesión, resta sin embargo horas y energía al proyecto más importante, que son mi esposa e hijas, y que espero sepan disculpar mis ausencias por ello.

Esta distancia de casi diez años me ha permitido volver a visitar aquellos espacios apasionantes, que interpelen tanto a llevar una existencia profunda como a un trabajo pragmático en todos los campos que componen la Arquitectura. Aquella tesis, comenzada mientras tuve la gran fortuna de trabajar para Juan Navarro Baldeweg, que me animó a comenzar aquel proyecto personal y con el que aprendí la posibilidad de crear ese mundo inmaterial más allá de cada ladrillo; fortuna comparable a tener a Juan Herreros Guerra como director de la misma, y que gracias a él aquellas intuiciones y pasión iniciales acabaron siendo estructuradas como un estudio de una de las viviendas más apasionantes en el enunciado, pero más flagrantemente incongruentes con el mismo, como es la casa que el filósofo Ludwig Wittgenstein levantara para su hermana en la Viena de entreguerras, una obra que tuvo un prolegómeno material en la cabaña que el mismo filósofo se hiciera construir en un fiordo en Noruega, y que está enlazada en el tiempo y la función con otra cabaña, la del también filósofo Martin Heidegger en la Selva Negra alemana.

Al recorrer estas arquitecturas, se presentan espacios que enriquecen la percepción que de la realidad tenían estos filósofos y con este desplazamiento en su pensamiento nos facilita hoy el incremento de la riqueza de nuestra comprensión del mundo y el dilucidar sobre lo que es verdaderamente fundamental en nuestra existencia, la Verdad.

El desarrollo de este libro es por tanto tan transversal como exige la relación entre arquitectura y filosofía, y ha sido posible gracias a lo que me han enriquecido muchos profesores y compañeros, en especial a los que fueron mis profesores de historia y de proyectos, el Hermano Paulino Álvarez López, Miguel Ángel Graciani, Juan Calatrava Escobar, Joaquín López Baldán, Eduardo Jiménez Artacho, Juan Domingo Santos, Antonio Miranda, Antón Capitel y a Joaquín Casado de Amezúa, al que extrañamos; al personal del Arquitektur Zentrum Wien, por el material original y el acceso a la TÜW, al personal del Wittgenstein Archive de Cambridge, así como a mis compañeros de la ETSA de Granada, la ETSA de Madrid y la Universidad Europea, que espero sepan disculpar su ausencia en estas líneas.

INTRODUCCIÓN

"Surrexit autem Saulus de terra, apertisque oculis nihil videbat"

(Hch 9,8)

El enriquecimiento de la historia de la humanidad es el mayor logro al que aspira el pensamiento humano, y para los arquitectos, el esfuerzo de conformar la materia según un pensamiento es el reto de una profesión que actúa tanto desde la ordenación geométrica como desde la elaboración de la realidad física, y por ello resulta muy interesante realizar un recorrido por arquitecturas que poseen una especial relación con el pensamiento. Por ello, aunque los arquitectos no proyectamos únicamente para que nuestras obras permanezcan, disfrutamos operando codificando la realidad que percibimos como presente desde el que se fijan las obras en el tiempo histórico, operando más allá de lo material y lo temporal.

Ahora que una parte de la sociedad navega sin rumbo ni demora cultural no es baladí defender la arquitectura como un complejo organizativo infinitamente más amplio que una *construcción artística* pues la realidad es mucho más compleja de lo que percibimos. El proyecto de Arquitectura amplía la realidad al introducir en ella más grados de relación entre sus muy diferentes ámbitos, y ese enriquecimiento invisible es una de las cualidades sobre las que juzgar la calidad del proyecto arquitectónico.

Sin embargo, la búsqueda de la calidad en la coherencia hace que algunas sencillas obras de arquitectura puedan trascender más allá de los límites de una creación singular, por el hecho de haber sido espacios de pensamiento, promovidas por filósofos, o en el caso particular del *palais* Wittgenstein, por ser construida por un filósofo que también quiso ser ingeniero.

Por lo general es necesario el trascurso de cierto tiempo para juzgar convenientemente las causas de la elevación de la casa más allá de consideraciones académicas establecidas como conveniadas. Pero un programa novedoso que la funda, la innovación espacial generada, la geometría que la sostiene, una de las ideas que la soportan... hay ocasiones en las que la amplificación personal provocada por la idoneidad –buscada o accidental- respecto al discurso cultural del momento, puede encumbrar una obra desconocida por el hecho de estar relacionada con un autor clave del pensamiento, y revestir una casa que la historia o la crítica de otro modo nunca hubieren reconocido de un halo de interés provocado por la pasión del que desarrolló parte de su pensamiento en ella, o la construyó desde su sistema filosófico.

Esta casa, la de Ludwig Wittgenstein, ha trascendido en la historia gracias al proceso de proyecto directamente opuesto a la interpretación del proceso de proyecto que la postmodernidad ha llegado a procesar. La casa Wittgenstein ha sido denostada por la crítica postmoderna al asimilarla a un enunciado radical de aquellos principios de la modernidad más severamente sojuzgados por ésta. Es también objeto intemporal de fascinación de arquitectos que la conocen desde algunas lecturas que asimilan la casa a modo de monumento heroico al arquitecto creador que busca imponer su verdad contra la del mundo, y despierta el interés cierto no tanto por su realidad física y constructiva, sino el modo de proyecto que accidentalmente la formaliza y construye: proyectar no será un trabajo de composición de elementos universales que se concretan en existentes y concretos, sino un proceso en el que crear es hacerse de una imagen ideal y proyectarla sobre otra material, mediante sistemas concretos de realidad.

Por ello, este libro tratará de la relación concreta entre los sistemas de pensamiento –con la debida distancia de respeto, pues es de reconocer la dificultad de tender estos puentes entre la lógica, la metafísica y la construcción física y concreta- y el proyecto, construcción y vivencias de algunas arquitecturas relacionadas con personajes de relevancia para la filosofía de los ss. XIX y XX. Debido al trabajo del arquitecto desde el pensamiento abstracto, el recorrido relacional que transita este libro tendrá una especial mirada hacia la casa que el filósofo Ludwig Wittgenstein levantara entre 1926 y 1928 en Viena para su familia, centrando el trayecto en aquellas consideraciones que resultan relevantes para enriquecer la complejidad del proceso de proyecto en Arquitectura, sin duda todo un mecanismo intelectual.

Enero de 2021

El autor

PARTE I

FILOSOFÍA Y PROYECTO DE ARQUITECTURA

Heidegger en la puerta de su cabaña en Todtnauberg en 1968, foto de Digne Meller

La relación entre Filosofía y Arquitectura ha sido planteada desde varias perspectivas desde ambas disciplinas. Mientras que puede ser ordenada una filosofía de la Arquitectura, como cuerpo ordenado de reflexiones en torno a los aspectos morales, epistemológicos, metafísicos, estéticos... del hecho arquitectónico; también puede ser ordenada una arquitectura de la Filosofía, como estructura clasificatoria e interpretativa de la ordenación de las ideas y corpus de la historia del pensamiento.

Aquí se opta por una lectura paralela de la relación operativa entre el hecho del pensamiento ordenado por parte de algunos filósofos y el proyecto de Arquitectura, tanto en proceso como desde las necesidades de unas condiciones específicas para, bien desarrollar el pensamiento dentro de esas arquitecturas –como las cabañas de Heidegger y de Wittgenstein, principalmente, pero también podríamos referirnos a la de Gustav Mahler, incluso a la de George Bernard Shaw- o bien que la propia arquitectura sea –o lo pretenda- el reflejo de un sistema filosófico, como es el caso del *palais* Wittgenstein.

Por esta relación directa en la transcripción de enunciados, además de por las limitaciones de espacio y tiempo, la literalidad entre los sistemas filosóficos y la arquitectura clásica, a todas luces apasionante, deben algunas de estas obras de arquitectura forzosamente de quedar fuera de este recorrido que, a modo de estudio del caso, trata esta especial conexión y enriquecimiento entre ambos extremos.

¿POR QUÉ LA FILOSOFÍA ESTÁ EN LA BASE DEL PROYECTO DE ARQUITECTURA?

Hasta la actual superposición de estratos mentales diferenciales que funda el deseo primero de todo proyecto, la estructura del pensamiento proyectivo ha sido depositaria de los paulatinos logros que la humanidad ha ido alcanzando en su devenir. La metafísica, la lógica, el arte, la ciencia y la sociología han ido superponiendo capas a la realidad hasta el momento presente, en el que la densidad de lo invisible se constituye como presencia paralela, y con la opacidad demediada de una bruma borrosa, nos hace vivir en múltiples realidades simultáneamente, con una densidad resultante tal que el escapar de alguna de ellas y operar sobre solamente una es un esfuerzo inútil. Estas brumas que resultan de la superposición simultánea de los diferentes enfoques de la realidad se componen como un holograma que, lejos de hacernos falsear las apariencias, las amplían.

La multiplicidad de las intuiciones con las que comienza el proyecto de arquitectura hace que por parte del colectivo se lleve estas arquitecturas relacionadas con la filosofía a la mitificación, no por estar fundadas en la necesidad de búsqueda de la razón de la trascendencia de sus enunciados -que no son evidentemente originales o estructurales, pues ni la construcción ni la estructura son, por lo general, innovadores- sino en la radicalidad de su presencia en la historiografía de la Arquitectura, que hace compatible y simultánea en muchos episodios de estas arquitecturas la generación de un proyecto desde una estructura de pensamiento ordenado y estructurado.

Será necesario explicitar el proceso de proyecto de estas arquitecturas, si existe como tal, pero sí especialmente en el *palais* Wittgenstein, como una reducción radical de grados de libertad que se produce durante la sucesión de elecciones que supone construir arquitectura, focalizando el resultado en el proceso más que en el objeto final, y con ello poner en carga su experimentación y las cualidades de veracidad de todo el cuerpo crítico que se ha construido sobre y/o en rededor a las mismas el hecho de que la filosofía se aun campo común con estos proyectos.

La búsqueda de un origen —metafórico o real- en estas obras, surgidas en el momento exacto en el que las filosofías más elaboradas y estruc-

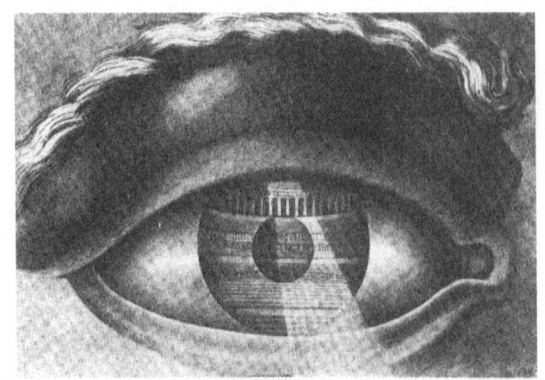

Ojo del poder, panoptico con el proyecto del teatro de Besançon, de Claude Nicolas Ledoux, 1788

El mito de la cabaña primitiva, en el Essai sur l'architecture del Abad Marc-Antoine Laugier, 1753

turadas se tornan mera base interpretativa de la síntesis primigenia e intuitiva que funda la Arquitectura [1] nos será útil para consolidar la experiencia proyectiva y constructiva de la arquitectura como una más en el camino de consolidación del proceso de proyecto originado en el pensamiento abstracto y encuadrarla en el proceso idealizado de geometrización de la materia, que superpone como un solo concepto ideación, experiencia y materialidad. En el caso del *palais*, los nuevos materiales y

Portada del número inicial de la revista Das andere (lo otro) 1903. Editada por Adolf Loos, sólo llegó a tener dos números, auténtica declaración de la modernidad

la incorporación real al proceso de proyecto y obra arquitectura iniciaban en Wittgenstein la búsqueda de una coherencia en la modelización de idea con la materia, pero desde una fundamentación ética y filosófica nacida de la filosofía científica del empirismo racional o positivismo lógico del Círculo de Viena. El intento neoempírico del Círculo de Viena de enunciar un lenguaje común a las ciencias elaborado desde proposiciones con sentido y relevantes pero desde el lenguaje matemático y físico, produce una suerte de memoria material de la Arquitectura que se activa en la reproducción de supuestos filosóficos en obras posteriores, relacionando no sólo las obras en su origen con el pensamiento, sino en su misma configuración física.

Debido a sus indicios compositivos y de relaciones internas, estas obras, y muy especialmente el *palais* se consolidan como experiencias integrales de materia y pensamiento, asociadas a la concreción formal y consolidación de un proceso enriquecido de proyecto- tanto por el proyecto como por el esfuerzo constructivo- por la evidente influencia formal y de contenido.

El pensamiento está en la base del proyecto de arquitectura porque defiende la libertad creadora del trabajo del arquitecto fuera de la homogeneización de la ya siempre presente globalización. Ahora que las masas han asaltado el poder y han impuesto la anulación de lo sobresaliente como norma [2] tenemos la responsabilidad de retomar y reivindicar la figura del libre pensador y el libre hacedor, que, pese a la universalidad de sus planteamientos, es el valor profesional principal del arquitecto. Uno de los valores fundamentales del trabajo arquitectónico es sinergizar la efectividad a todo nivel, por lo que se el pensamiento libre como base del proyecto necesita de la deslimitación normativa. Ninguno de los proyectos nacen autolimitados por normativas retrógradas que intentan refrenar la ciudad muy por debajo de la cualidad que el tiempo presente y sus necesidades necesita de ella. La normativa urbanística tal y como se concibe hoy posee el doble filo de las armas innobles: es el escudo de la mediocridad y a la par la coraza impenetrable contra la que choca toda creatividad no sinestésica. Hecha desde un punto, cuando menos, alejado de una realidad que no comprende, el marco normativo ha pasado de base mínima que garantiza la cualidad básica a baremo insolidario que, redactado por aquellos que pretenden no ser sobrepasados pretenden limitar la creatividad para mantener un pretendidamente artificial *statu quo*.

Desde esta libertad de pensamiento creativo, se propone un enfoque del ejercicio de la arquitectura hacia una recuperación de la conciencia material del pensamiento sublime, alejado ya de simulaciones artísticas vacías de contenido, por la que el proceso del proyecto del *palais* [3] puede enunciar cierto fundamento que ha de tener el proyecto más allá del deseo personal primigenio: una geometría que condensa una necesidad y que se construye con una técnica disponible según un momento histórico.

Sin embargo, el hecho de que los pensadores se hayan introducido en la cadena de toma de decisiones técnicas ha provocado incoherencias internas y de funcionamiento, junto con su construcción no eficiente, y evidencian desde su lectura inicial multitud de faltas profesionales, al estar desarrollada *casi* sin arquitecto. Sin embargo, pese a ello los modos de sus múltiples precisiones son paradigmáticas de una arquitectura seria, consciente y precisa [4] por la intencionalidad en el pensamiento iniciático.

Esta incoherencia según características divergentes entre función y precisión es en parte responsable de su construcción física, en la que el paso de las ideas lógicas a lo material no es radicalmente original por

Perspectiva acuarela del proyecto final, Nov 1926 firmado por Wittgenstein junto con Paul Engelmann

lo tradicional de la disposición de su materialidad. Por tanto, estos son ejemplos perfectos de arquitecturas con divergencias entre su formalidad y la realidad de su construcción.

Y sin embargo, el hecho de que el pensamiento organizado y estructurado esté en la base misma de estas arquitecturas, evidencia que la arquitectura no puede, ni debe ser, una idea construida, o un sistema de pensamiento materializado. El proceso de proyecto es un acto complejo y bidireccional que imposibilita la conjetura del proceso lineal. Esta riqueza de proceso implica una discrepancia que surge entre la rigidez estructural, funcional y sintáctica de una obra de arquitectura frente al enunciado retroalimentado de una sintaxis lógica –característica de un proceso lineal- que es paradójica en cualquier serie sintácticamente correcta –según la semántica- de afirmaciones lógicas. Esta discrepancia estructural puede desvelar la validez lírica de la sintaxis lógica del proyecto arquitectónico, pero evidencia que la línea principal sobre la que se organiza cualquier lenguaje -síntesis y límite de un sistema de pensamiento- incluso cuando funde un armazón operativo, admite la discordancia y la flexibilidad en la asociación mediante convenio de significante y significado, relación biunívoca que no admite la obra de

Ludwig Wittgenstein en 1947, con 58 años   Martin Heidegger en 1965, con 76 años

la Modernidad en la arquitectura. La multidireccionalidad del sistema interpretativo arquitectónico surge en la trama de fenómenos en la que se fija el sentido del acontecimiento accionado por el habitante, por lo que sólo del habitar se puede desprender la modificación de la relación significante-significado, no de la estructura sintáctica de la propia obra de arquitectura.

Esta relación significante-significado define el proyecto y obra de la casa en el sentido en el que se conoce, para presentar un objeto construido amplificado respecto la realidad física finita del mismo. Las más de las veces conocemos más un edificio por su genealogía presentada –o especulada- que por nuestra presencia crítica en él. El reduccionismo formal del proyecto es superado por la vivencia atmosférica y elemental de sus espacios, inaugurando una fenomenología del habitar que todos tienen en común.

Son por ello objetos construidos, materiales, que no quedan completado en sí mismos, sino por la interpretación del que lo habita –bien activamente, por interacción, bien intelectualmente en su replanteamiento-. La crítica arrojada sobre una obra será un factor acumulativo más sobre la densidad intelectual de estas obras convergentes de la Arquitectura y el pensamiento, bien por estar edificadas desde él –como el *palais*- o edificadas para él –como las cabañas de Wittgenstein y Heidegger- puesto que, habiendo sido participadas por dos de los filósofos más relevantes del s. XX –que casualmente nacieron el mismo año de 1889- su historia se ha ligado inevitablemente a éstos, resultando modélicas para nosotros por esta dependencia en diferentes grados.

Al realizar la distinción entre comprender y conocer se escinde la unidad de entendimiento y razón, pasando a habitar la arquitectura como una experiencia global en la cual la construcción/arquitectura no sólo queda activada por nuestra acción habitante -artística, social, doméstica- sino que nosotros mismos somos afectados por la interiorización de la experiencia de la misma.

Esta ampliación interpretativa provoca una filogénesis inversa al hacer que la crítica llegue a suscitar más Arquitectura. De hecho, estas arquitecturas han llegado a nuestros días físicamente gracias a la crítica, que llama la atención sobre ella. Es por esta crítica añadida por superposición intelectiva la que determina que, pese a establecerse fuera de todo núcleo experimental de la Arquitectura de la época, estas arquitecturas, casas y cabañas, se han consolidado como un *foot note* inevitable para la historia de la Arquitectura, cuya repercusión viene dada por su autor y por cierta imagen final de edificio, no por su sistema de proyecto –personalísimo- ni por el enunciado de los principios compositivos de la misma, que en el caso del *palais* lo asemejan formalmente con los proyectos de Loos y Le Corbusier de la misma época, aunque Wittgenstein, fuera de toda discusión sobre el estilo, no pretendió en ningún momento –de forma consciente o no- incluir su casa como jalón de la modernidad arquitectónica, trabajando sobre ella desde la exigencia de la transposición del enunciado y no desde la relación con unos principios que, sin embargo, había reconocido en 1927 cuando visitaba la *Weissenhofsiedlung* en Stuttgart.

Este personalísimo proceso de proyecto del *palais* Wittgenstein según un rígido principio ético, más allá de los tipos históricos presupuestos, continua un modo ya iniciado -Malevich, Wright- de planteamiento de la Arquitectura, más que como expresión actualizada social o tipológica, como un perfecto objeto útil en sí, más allá de una vida humana codificada por las estructuras sociales. El tipo arquitectónico de la villa rural se superpone al palacete urbano para permanecer en el tiempo, pero la construcción resultante se ubica fuera del tipo. El conjunto formado por casa y jardín descubre en la superposición de tipologías históricas nuevas soluciones para la ciudad de entreguerras. La ciudad se muestra como un organismo domesticado, con posiciones encontradas entre la protección del sistema ciudadano y la mostración de una situación urbana pero fuera de las murallas de un sistema urbano que implica protección pero llevando implícita en ella la limitación del habitar en común [5].

¿POR QUÉ CONCRETAMENTE LA CASA WITTGENSTEIN?

La focalización de todo este recorrido, particularizada sobre un especial objeto de arquitectura y pensamiento como es el *palais* Wittgenstein, ha forzado desde su momento inicial una cuestión previa: ¿por qué en concreto el *palais* que Ludwig Wittgenstein levantó para su hermana? sencillamente, porque el resto de obras incluidas no fueron hechas directamente por un filósofo, lo que hace que tengamos en el *palais* un caso de obra propia de la disciplina, pero proyectada y construida por un filósofo. Ludwig Wittgenstein se hizo levantar una breve cabaña en Skjolden, en Noruega, la única que poseyó en toda su vida, pero en la cual apenas pasó unas breves estancias y no fue supervisada por él durante la construcción, realizada en 1914, 12 años antes de intervenir en el *palais*, por lo que fue más un retiro intelectual realizado sobre principios transmitidos literalmente que un objeto levantado desde la complejidad de transmisión entre un sistema lógico hacia el mundo material. En realidad, es esta cabaña la que podría ser definida como *la casa de Ludwig Wittgenstein* propiamente dicha, pues era de su propiedad, contra el *palais*, que fue levantado, erigido, por él para su hermana, y por dicho término nos referiremos a ella. La cabaña fue desmantelada antes de 1960, mientras que el *palais* ha llegado, ya protegido patrimonialmente, hasta nuestros días.

El *palais* es, sin embargo, concreto en su objetivo, y complejo en su argumentación. Este recorrido tiene el objetivo de sumar carga crítica a una cuestión muy desarrollada desde perspectivas tangentes al estudio del proyecto arquitectónico y el proceso del mismo, pero -casi- siempre desde una referencia externa a la propia arquitectura; por lo se puede intuir la posibilidad de enriquecimiento a este respecto.

En las obras que recorreremos vemos como el reduccionismo global de la toma de decisiones justificativa de sus espacios es superado por la vivencia atmosférica y elemental de los mismos, inaugurando un goce fenomenológico que ha sido obviado por la crítica y que es exuberante en estas arquitecturas. En todo caso, la literalidad de estas breves arquitecturas –excepto el *palais* todas las otras dos piezas son cabañas–

Cabaña de Wittgenstein en Skjolden, cerca de Sognefjord

La cabaña en la Selva Negra en 1968, foto de Digne Meller(1)

como construcción física literal de la filosofía ha sido afirmada y negada simultáneamente por la crítica [1], pero existe una evidente correlación entre el esfuerzo sintético de la estructura del *pensamiento* de estos filósofos y las intuiciones evidentes que se presentan al conocer las obras, que no dejan indiferente a nadie. Lo verdaderamente significativo es el desarrollo íntegro de un proyecto de arquitectura por parte de un filósofo, en el que la transposición de ideas a la materia es aún más rígida por la estructuración lógica de las primeras que exhaustivamente Wittgenstein transcribía en su casi insondable *opera prima*.

Dado que intentar conformar la materia según un pensamiento es el interés primero del trabajo del arquitecto, cuánto más el caso de que un filósofo intervenga sobre un proyecto de un arquitecto, o incluso tome el papel del mismo, entrando en un terreno bien conocido pero rara vez cartografiado por el arquitecto: el territorio del cuasi eterno devenir de toma de decisiones que hay que cruzar para llegar a un proyecto.

CONTEXTO

Las arquitecturas al final del s.XIX e inicios del s. XX, aquel *fin de siècle* en el que la ausencia de estilo generaba tan interesantes experiencias arquitectónicas, se proyectaban asumiendo un claro desfase entre las posibilidades técnicas disponibles y las formalizaciones heredadas de la ya entonces pobre formación académica con base en las *beaux arts* del *ancient regime* europeo, que negaban la realidad social sobre la que operaban. Eran por tanto arquitecturas incompletas en su mayor parte, que no acertaban a sintetizarse coherentemente.

Por una parte existía una causa necesaria y urgente, forzada por la urgencia de posibilitar alojamiento en unas ciudades sobre las que sucesivas fases de la segunda Revolución Industrial habían provocado unos flujos humanos procedentes del agro inauditos hasta entonces. Se necesitaba un nuevo concepto de alojamiento, que posibilitara parámetros dignos de habitabilidad, puesto en relación con los recientes medios de transporte para posibilitar el desplazamiento y, con ello, la relación entre las partes heterogéneas de la ciudad, entonces con un crecimiento convulso.

Por otra parte existía un condicionante formal, unos modos de proyectar arquitectura que habían sido una actualización de geometrías y órdenes heredados de demasiado tiempo atrás, obligados a resolver constructivamente cada programa de necesidades enmascarándolo tras una referencia a interpretaciones localistas o históricas con las que conveniadamente se conformaban las ciudades desde el neoclasicismo, una arquitectura de apariencia forzadamente artística que condicionaba la presencia urbana incluso de las experiencias más radicales de la Escuela de Chicago o las obras de Otto Wagner.

En sucesivos esfuerzos de coherencia entre estos extremos causales, con mayor o menor trascendencia temporal o geográfica, fueron iniciados por las vanguardias europeas y americanas diferentes modelos de respuesta entre 1890 y 1920. Finalmente, el Movimiento Moderno encontraba una expresión formal síntesis de su origen desde la necesidad y

Palacio familiar de los Wittgenstein en(1872) Alleegase (Michael Nedo, W.A. Cambridge)

Interior de un espacio-vivienda en una mietkaserne en Berlín, 1907(1)

urgencia social, de novedades constructivas y de un nuevo tratamiento espacial, cuya universalidad permitía elevar sus enunciados hasta autoproclamarse ruptura histórica con los modos y modelos anteriores del proyecto de arquitectura.

Al estar inmersos en una realidad compleja, a cada instante con mayor espesor, cada actuación sobre la misma se densifica al estar obligados a operar simultáneamente en un número creciente de capas. El proyecto de Arquitectura en el s.XIII era metafísico, ajustando cualquier obra a una representatividad metalingüística previa que la hacía ascender a los cielos. En el s.XV, el proyecto tomó su significado actual de adaptación de una realidad material a otra cultural, presentándolas simultáneamente en la obra concreta. Del s.XVI al s.XIX el proyecto trabajó en su posibilidad plástica y maleable, habiendo descubierto las posibilidades de innovar copiando y modificando vidas anteriores de la arquitectura y aprovechando finalmente el cambio del *ancient regime* [1]. Pero en los

Ludwig Wittgenstein paseando por la Weisenhof
Siedlung de Stuttgart, 1927(1)

primeros lustros del s.XX la arquitectura está llamada a resolver problemas sociales reales que se presentan en ese siglo por la explosión demográfica sin precedentes en la historia de la humanidad y la destrucción provocada por las dos grandes Guerras Mundiales, que hacen *tabula rasa* de numerosas áreas en demasiadas ciudades. Los arquitectos tienen que aportar nuevas soluciones para la construcción de una nueva ciudad [2], y la celeridad necesaria para la recuperación fuerza la desaparición de cierta atmósfera holística del proyecto de arquitectura *culto*.

El s.XX nace, tras la segunda Revolución Industrial, sumido en la bruma cultural de las *nuevas* urbes dejando forzosamente a la arquitectura de masas sin un claro rumbo en el proceso de proyecto, segregando radicalmente a la arquitectura culta y de equipamientos de la arquitectura de soluciones. El nuevo proyecto de arquitectura, como acto artístico estructurado una vez presentadas las nuevas necesidades sociales y ya perdida la sumisión a los modos históricos, se encuentra también sumado a la búsqueda del estilo propio de la época. La nueva orientación de la arquitectura es *ahistórica*, y en este momento de incertidumbre de valor es el tiempo de aparición de las arquitecturas aquí tratadas, y su interés es el proyecto que reduce la complejidad formal previa de cada hecho arquitectónico según un proceso de toma de decisiones limitado por una negación estructural del clasicismo ya entonces en vías de superación.

El edificio de la Wiener Sezession de la exposición Ver Sacrum de 1897, foto autor

Ante esta realidad arquitectónica de incertidumbres, diferentes pensadores se aproximan a la actualización del concepto que definía San Agustín en sus *Confesiones* como la *correspondencia entre realidades diferentes, que se afectan mutuamente más allá de la interpretación externa de sus significados*, es decir, la Verdad. Esta afección mutua sufrida por las realidades paralelas de idea y materia, evidencia la correlación entre los sistemas filosóficos y las concepciones arquitectónicas, ineludibles para los arquitectos dada la naturaleza *meta-física* de la fase inicial del proyecto.

En la realidad mental de los filósofos de la época, que tienen en común ser unívocos y lineales, positivistas, se ejerce un esfuerzo micénico para levantar una estructura física que refleje o interprete de alguna forma un sistema de pensamiento. Sin embargo, en todas ellas –aunque especialmente en el *palais* Wittgenstein- el espacio habitado, la luz, el mundo exterior, la naturaleza cíclica... descubren una multiplicidad de interpretaciones visuales y materiales, que deslimitan ese mismo sistema que intentaban plasmar, y abre así el cambio a toda una nueva etapa a la filosofía del s.XX.

Los Wittgenstein en 1922, nótese a Ludwig (dcha) y su hermano Karl de uniforme de un ejército imperial ya desaparecido(1)

Estas casas y cabañas, auténticos refugios del pensamiento y casa de pensamiento, irradian una belleza que desborda el conocimiento ilustrado en ellas y se refugia también en aquello que supera sus estructuras: un placer visual y corpóreo; son por tanto intelectuales y fenomenológicas a la vez. Lo radical de lo complejo, reducido en lo aparentemente simple, nos ofrece un objeto compuesto mediante dos procesos opuestos: el proyecto de arquitectura que produce, y el esfuerzo filosófico, que reduce.

Entre estos refugios, podemos establecer una doble lectura: la de la cabaña o la casa como refugio del pensador, como mecanismo de aislamiento del mundo de forma premeditada, o bien la casa o cabaña como enunciado en sí, que se aísla de las demás por el origen de la misma, aunque formalmente en el resultado final se asemeje. En este recorrido optamos por esta segunda vía, por la que el objeto denota, en su morfología y entidad, su origen como hecho diferencial; siempre desde la perspectiva —entendiendo que la primera puede resultar igualmente válida- de que la Arquitectura, cuando es fruto del pensamiento, tiene en sí misma los rasgos que, más allá de su construcción física y su función espacial —como la de aislamiento del pensador- la diferencian del resto del mundo, pues la Arquitectura es un hecho físico intelectual que se presenta en las obras y los proyectos, y no únicamente en los enunciados.

LA VIDA IMBRICADA CON EL ESPACIO

La vida clásica de las familias acomodadas en las que se pudieron generar los perfiles de pensadores con atención a la arquitectura específica clásicamente transcurrió en palacios y viviendas burguesas de ciudades capitales, palacios y viviendas con una fragmentada interioridad establecida sobre la asociación básica e inalterable de funciones con espacios. Los espacios al completo expresan y evidencian en geometría y fraccionamiento interior la síntesis que se realiza de la figuración en las relaciones familiares. De la misma forma, la configuración del elemento físico del mobiliario y su colocación es una imagen fiel del establecimiento solidario de la función establecida para cada una de los espacios de ocupación personal y relación. La biografía arquitectónica de estos pensadores quedó marcada por los espacios en los que nacieron y se formaron, distantes de la modesta vivienda obrera de los ensanches que poblaron ciudades a finales del s.XIX y principios del s.XX. En el caso de Ludwig Wittgenstein, la conformación de su pensamiento quedó directamente formalizado desde la experiencia del espacio, recurrentemente descrita por Wittgenstein en sus cartas a amigos y familiares [1].

Lo que deja impronta en el niño y el adolescente y que liga su crecimiento con el espacio en el que inscribe el mismo es la profunda sensación de interioridad, que mediante una estructura compleja delimita la concreción física del entorno proyectado de la caverna. El sueño de la exterioridad, antagonismo liberador de las estructuras rígidas personales y sociales de finales del s.XIX, es el trayecto de dicha interioridad [2] hacia un exterior a menudo rígido y cruel, pero disponible para el viaje y la alegoría de la liberación personal. En estos casos de pensadores implicados de alguna forma con la arquitectura, la libertad pasa por la aniquilación de recorridos que superen los límites físicos de la casa, que sin embargo queda totalmente ocupada por un interior indescifrable en la complejidad de los sistemas a la vez superpuestos y yuxtapuesto, y que se muestra al niño como un laberinto.

Desde su infancia, Wittgenstein detesta los palacios familiares excepto el *Hochreit*; que por su carácter singular y apartado enfatiza la radical artifi-

Hochreith, casa veraniega familiar.
Dibujo de Hermine Wittgenstein
(Michael Nedo,Cambridge)

Salón rojo del palacio familiar
de los Wittgenstein
en la Alleegasse, foto 1910

cialidad de su presencia en el medio extraño de lo rural; pero los espacios fragmentados, inconexos, las plantas regulares, las dobles simetrías: cuando se marche de Viena habrá experimentado una arquitectura clásica de lenguaje constituido por elementos separados, una arquitectura por encima de la vida que alberga e indiferente de la misma; una arquitectura revestida con otras artes que crearía un entorno opresivo e interior, pero de tal densidad interpretativa que le obligaría a una continua crítica de sus espacios vividos en contraste a aquellos de su juventud.

Escalera del palacio familiar de los Wittgenstein
en la Alleegasse, foto 1910

Durante su estancia en el *Trinity College* mientras estudiaba ingeniería mecánica, un entorno arquitectónico históricamente y artificialmente congelado, la intensidad con la que deja su impronta en la construcción con una pequeña edificación, muy reducida, con la función de construir cometas y otros ensayos, junto a Manchester en 1910, hoy también desaparecida. Ello le hizo interesarse por la conformación física y la integridad de lo construido, pues muestra su exigencia con el mobiliario seleccionado para su habitación, reconocida por el mismo Bertrand Russell, que lo encontraba bastante exasperante por la integridad indómita de sus opiniones:

"Ayer no compró nada de nada. Me dio una conferencia acerca de cómo deberían estar hechos los muebles: le desagrada toda ornamentación que no forme parte de la construcción, y nunca es capaz de encontrar algo lo suficientemente sencillo". [3]

Por ello, Wittgenstein se hizo construir un mobiliario ex profeso para él, sintetizando las radicales opiniones contra la ornamentación superpuesta de un modo superfluo y externo a la propia configuración física esencial del objeto.

Sala de música del palacio familiar de los Wittgenstein en la Alleegasse, foto 1910

Esta nueva organización del objeto arquitectónico sumando lo que es y lo que no se ve, sino que se concibe, evidencia la superación de la casa tanto como un sistema representacional como un sistema organizativo, desplazando la misma hacia una organización representativa que asume por inmersión los anteriores valores organizativos, conteniéndolos.

Al comenzar a estudiar lógica matemática con Russell en Cambridge en 1912, Wittgenstein remite cartas en las que ofrece consejo sobre decoración y diseño de mobiliario.

"el mobiliario está completo (parcialmente gracias a ti por la sencillez de tus diseños) La decoración ha sido diseñada, o mejor, planteada por Ada excepto en la habitación de dibujo, que es una copia de tu habitación de Cambridge (...) Los elementos eléctricos que nos definiste, especialmente la cocina que es francamente buena, son tan limpios y cómodos. Los radiadores que elegiste son también excelentes y ya no tenemos necesidad de fuego en el hogar."

En una carta fechada el 28 de Junio de 1914 en Manchester, William Eccles escribe a Wittgenstein (que estaba de visita en el fiordo noruego de Skjolden, donde se construía su cabaña)

Apartamento de Margaret Wittgenstein en Berlín, reformado en 1905 por Josef Hoffmann. Entrada, baño y cocina.

Wittgenstein le contesta a las pocas semanas desde su fiordo, especificándole:

"el diseño acabado es excelente en la medida en el que puedo juzgarlo. Te haré algunas observaciones: 1. El guardarropa, ¿por qué el travesaño horizontal de las puertas no está en el medio justo, de tal manera que los paneles superior e inferior sean de la misma longitud? 2. Pienso que podría ser más conveniente descansar el armario en una mesita baja. 3. ¿Por qué la cama tiene ruedas? No creo que pienses viajar por ella por la casa (...)[4]

En esta correspondencia y sus observaciones explícitas Ludwig Wittgenstein ya desvela la simplificación radical, tanto en número como en estructura, a la que tendería en su obra y pensamiento, que matemáticamente se sintetiza en la seriación de estructuras del *Tractatus*.

La primera experiencia personal en el campo creativo a este nivel se encamina hacia una arquitectura concebida opuesta al refugio, no un entorno de protección sino una caja de amplificación de las inquietudes y capacidades personales, contraria al espíritu común del espacio familiar, un entorno del que regularmente necesitaba escapar, de sus parientes, enemigos para ellos del arte y el espíritu; y de todas aquellas mansiones de los Wittgenstein, que como diría *"construidas contra el arte y el espíritu, incluso la casa de Margaret, la peor cárcel de todas [...]"* [5]

Heidegger en el interior de su cabaña con su esposa, en 1968, foto Digne Meller(1)

Qué diferentes estos espacios de la interioridad de la cabaña de Todtnauberg, un continuo contrapunto para el *palais*. En ella, Heidegger y su esposa habitan en un espacio mínimo, en el que el mobiliario cumple varias funciones, que apenas necesita una modesta estufa para calefactarse y que, por esta prevención contra el rudo clima, apenas posee huecos al exterior. Es una cabaña íntima, en la que no hay espacio apenas para recibir visitas, en la que el pensador enlaza su existencia con la de los agricultores que necesitaron de esta tipología para establecerse en tal contacto con la naturaleza.

Wittgenstein se opone a su experiencia mediante el proyecto de un interior que no sea interioridad constreñimiento, ni exterioridad desorientada. Los grados de relación con la calle tendrían que ser paulatinos, sin pasar del interior al exterior directamente. Ya desde la calle se intuye ese interior superpuesto al exterior que es el jardín.

UBICACIÓN Y LIBERTAD

La casa del filósofo necesita de un especial aislamiento para concentrar la producción de un sistema de pensamiento ordenado, que requiere una introspección de gran intensidad, y por ello estas obras -sea la cabaña de Wittgenstein en Skjolden o la de Heidegger en Todtnauberg- son construcciones de un artefacto específico, no desde la construcción, sino desde la interpretación mediante el habitar de refugios encontrados que se aprovechan desde un retiro eventual.

Así, la cabaña de Heidegger no fue edificada por él - cuando comienza a usarla en 1922 [1], ya contaba con unos doscientos años, aunque otros autores afirman que fue encargada por la esposa de Heidegger- pero sí elige el habitar esencial que desarrolla en la misma y la trascendencia de lo producido en ella la cualifica más allá de lo que hubiera sido de ella caso de ser utilizada para otros usos; y la cabaña de Wittgenstein sobre el fiordo de Skjolden sí es hecha para él, pero por encargo, desde la primavera de 1914, aunque no la vería finalizada hasta 1921, tras la Gran Guerra.

La cabaña de Skjolden fue construida completamente en madera, modesta, con una sola planta y un mínimo ático a modo de dormitorio. Estaba situada en un acantilado junto a la orilla del lago Sognefjord, y solo se podía llegar remando. También tenía una polea para subir agua, alejando de ella todo atisbo de tecnicidad. La experiencia de su cabaña y la vida en el fiordo es especialmente significativa para Wittgenstein por estar fundada sobre una concepción del habitar radicalmente opuesta a la vida de ciudad burguesa de Viena. La cabaña consolida la deseada huida de Wittgenstein a un medio omnipresente que deriva de la naturaleza, y frente a la intensidad coercitiva de Viena, plantea una cabaña tradicional, de muy reducida dimensión, sin concesiones al confort o al espacio, sólo como un refugio existencial dedicado a la contemplación, a la escritura, contenido en dos plantas -una para el día, otra para la noche- y ubicada complemente fuera de la protección del sistema de ciudad. La cabaña así construida es un monumento a la individualidad; a la independencia personal y a la salida de la ciudad.

Postal remitida por Wittgenstein a William Eccles en su primer viaje a Skjolden, foto Michael Nedo, W.A.Cambridge)

Estado actual del zócalo de la cabaña en Skjolden tras su desmontaje

Cabaña de Wittgenstein en su ubicación original, 1920, foto W.A. Cambridge)

Los procesos obligan a que unos modelos de ciudad permanezcan vigentes frente a otros. Mirar la ciudad es ya una manera de producirla, y Viena a principios del s.XX queda reflejada en la pintura y la literatura como una ciudad estática, mas de pensamiento que de acción. La vieja Viena dentro del *Ring* no resultaba obsoleta en sí, sino que se iría vaciando por las nuevas actividades y la nueva burguesía empresarial; que no encuentran en ella un soporte adecuado, ni de habitación ni de intercambio comercial ni cultural. Las actividades clásicas, muy limitadas dentro del *Ring*, dejan de alimentar a tejidos urbanos que dejan, por inadecuados,

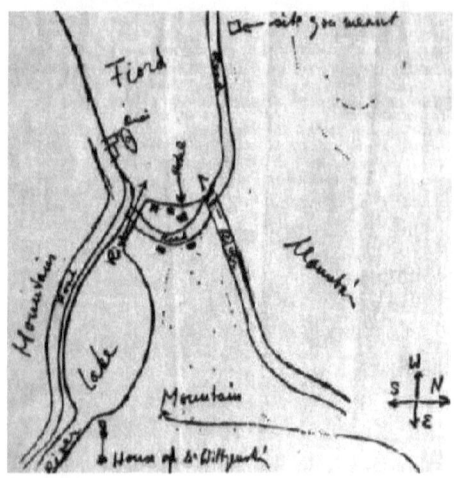
Mapa realizado por Wittgenstein con la localización
de la cabaña desde el fiordo, 1920 (W.A. Cambridge)

de darle soporte. La nueva Viena de extramuros está realizada por piezas separadas [2], el espacio público es opuesto pero no complementario al privatizado, con el que no tiene relación ni siquiera visual.

En ese distrito se proyectan entonces, desde la urgencia de una sociedad obligada a transformarse, novedosas arquitecturas de vivienda social, de equipamientos colectivos, pero sobre todo dos nuevas tipologías: alojamientos sociales para las masas obreras y las necesarias adaptaciones de una anterior vida imperial a una nueva vida de provincias de las antiguas familias de la alta sociedad; y en contraste con ellas, la cabaña para retirarse, para pensar.

Frente a esta ciudad capital que es Viena, el arquetipo de refugio para retirarse a pensar tendrá en la cabaña de Heidegger en Todtnauberg, en plena Selva Negra, el arquetipo de espacio limitado en dimensión y mobiliario, pensado para estancias no permanentes, para salidas de la ciudad hacia un espacio en el que el tiempo escapa de la linealidad limitada de la existencia humana:

En una abrupta cuesta de un amplio y alto valle de la Selva Negra se levanta un pequeño refugio de esquiadores a 1.150 metros de altura sobre el nivel

La cabaña de Heidegger en Todtnauberg, en 1968, foto Digne Meller)

del mar. Su planta mide de 6 a 7 metros. El bajo techo recubre tres cuartos: la cocina, el dormitorio y un gabinete de estudio. En el estrecho fondo del valle y en la ladera opuesta, igualmente abrupta, yacen dispersos las cabañas y casas de labradores, ampliamente emplazados, con el gran techo que pende sobre ellos. Cuesta arriba se extienden las praderas y las dehesas hasta el bosque con sus viejos, enhiestos y oscuros abetos. Todo lo domina un claro cielo soleado en cuyo resplandeciente espacio dos azores levantan el vuelo trazando círculos. Este es mi mundo de trabajo visto con los ojos del huésped o del veraneante. Yo mismo nunca miro el paisaje. Siento su transformación continua, de día y de noche, en el gran venir de las estaciones. La pesadez de la montaña y la dureza de la roca primitiva, el contenido crecer de los abetos, la gala luminosa y sencilla de los prados florecientes, el murmullo del arroyo de la montaña en la vasta noche del otoño, la austera sencillez de los llanos totalmente cubiertos de nieve, todo esto se apiña y se agolpa y vibra allá arriba a través de la existencia diaria. [3]

En la cabaña de Heidegger se permite al habitante una ubicación fuera de la ciudad, y con ella, fuera del ciclo temporal limitado que evidencia la arquitectura de la ciudad. La cabaña permite vivir en los espacios que son esenciales -cubierta, espacio, dormitorio- lejos de los espacios redundantes de las tipologías urbanas, y con esta distancia, ganar la

Heidegger tomando agua en el abrevadero cercano a la cabaña, 1968, foto Digne Meller)

necesaria libertad -entendida como potencialidad de organizar el tiempo diario y la ausencia de relaciones- para sumirse en un espacio y tiempo ni localizado -de ahí lo genérico y repetitivo del paisaje- ni cronológico -pues deja de ser lineal para ser personal.

La arquitectura establecerá en estas cabañas una libertad establecida como una separación de lo urbano, un escape de convenciones y espacios de lo social, para establecer un mirador de la existencia más allá del tiempo lineal de la ciudad, asociado al tiempo circular de la naturaleza primigenia del eterno retorno, y por ello con un carácter personal, tanto en la construcción -en el caso de la cabaña en Skjolden- como en la elección -en el caso de la cabaña en Todtnauberg. [4]

Muy diferente será el *palais*. La tipología de palacete urbano -*palais*- se establece sobre categorías clásicas espacio y objeto, regulaciones urbanísticas con las que se formaba en una arquitectura académica y

Heidegger y su esposa en el interior de la cabaña, 1968, foto Digne Meller)

Vista aérea de la Kundmann con el palais como tipología singular en 1971, foto Otto Kapfinger

artística según lo establecido por Sitte [5]. En base a estos principios íntimamente entreligados con consideraciones de carácter psicosocial, la situación de la parcela original del proyecto era incomparablemente digna de mayor estima, pese a sus dificultades y deficiencias formales y de funcionamiento, que una parcela de extensión aún menor en plena periferia. Bien diferente sería el habitar espiritual que se ofrece en la cabaña de Heidegger. La cabaña es el lugar para lo *íntimo, tanto elevado como en contradicción -cualidad inherente del ser- para pensarse a sí mismo, para repensar sobre el sentido que la existencia tiene cuando no depende de nuestras acciones y no es nuestro medio natural, depurando lo verdaderamente esencial del ser-ahí* -en terminología heideggeriana- cuando el espacio posibilita la reducción de las relaciones exteriores, forzadas en la ciudad, que se anulan desde la separación del medio urbano asociada a una introspección posibilitada por un espacio no sumido en el mismo tiempo tecnológico de la ciudad de la que se escapa. Tanto Heidegger como Wittgenstein en sus cabañas reclaman una vuelta a una vida sencilla, esencial y crítica con la modernidad positivista sobre la que crece la ciudad desde los supuestos del urbanismo de ensanches desde mediados del s.XIX.

El solar en el que se ubica, alineado directamente a la Kundmanngasse, la avenida principal que nominaba al barrio, tiene más de 3.000 m2, en cuyo extremo norte se implantaría la edificación y que se define con una forma ligeramente trapezoidal ofrece su linde de mayor longitud a la calle que la nombra. La parcela mide 77 x 43 metros, sufriendo un ligero recorte cuadrangular en el extremo más alejado de la Kundmanngasse. La orientación de su directriz principal es noreste-suroeste, al igual que la trama principal del distrito de inserción. Había sido el huerto de un palacio cercano derruido pocos años después, en una zona en la que se autorizó la edificación urbana tras sucesivas ampliaciones de la Kundmanngasse, una de las arterias principales del barrio. En el *StadtPlan*, suerte de plan metropolitano de la ciudad de 1923, el *zoning* inoperante delimitaba el distrito III como uno de los estimados para un crecimiento do alta densidad; pero sólo se alcanzaba este incremento en base a disminuir los grandes patios interiores de manzana que habían configurado la morfología en planta del sector.

Sin embargo Wittgenstein, sin formación clásica en el entonces llamado "arte de urbanidad" [6], analiza la ciudad en términos de posibilidades, movimientos, distribución de servicios y libertad de elección social y personal, liberándose de las opiniones externas y valorizando la isolación, la comodidad de acceso, la visión de la parcela desde la calle; cualidades éstas que son las que le empujan a convencer a su hermana de trasladar la ubicación del proyecto en Diciembre de 1926, ya con el proyecto acabado, con la tajante oposición del marido de ésta y de Paul Engelmann [7].

Se crea, aprovechando un promontorio existente en el solar, un estilóbato para todo el conjunto, una suerte de jardín-plataforma que a modo

La casa Wittgenstein en 1971, a punto de ser demolida, vista desde la ParkgassE, foto Otto Kapfinger)

Casa Wittgenstein en la actualidad, foto del autor)

de plinto sostiene la casa fuera de la ciudad se olvida en el proyecto original, será definido durante la dirección de obra. Esta plataforma, que a modo de superficie artificial separa la casa del orden previo de la ciudad, no pasa inicialmente de ser tratado como un mero soporte del objeto-casa. Esto es coherente con el planteamiento de proyecto pero no es real, pues la propietaria se desplaza hasta aquí a vivir por las condiciones aliviadas respecto la ciudad histórica y se mayoran las opciones de libertad personal que ofrece el poder vivir apartada de su entorno cercano. Esta libertad es interpretada como una libertad para mirar panópticamente, un dominio visual que eleva el conjunto a un rango mentalmente superior al del resto de la ciudad. Aunque no es pretendido en su potencia real pero sí definido en proyecto, este concepto fundamental caracteriza la casa separándola de las calles, y con ello el proyecto define las formas de una parte de la ciudad. Las calles secundarias junto a la Kundmann fueron retrazadas por los accesos que el conjunto había dispuesto, e incluso hoy la rasante forzada de la Parkgasse tiene que suplirse con una escalinata en una calle sin posibilidad de conexión rodada con el resto [8].

El volumen principal quedó colocado en el fondo de la parcela, protegida del barrio por el gran jardín sobre el que se coloca, elevado, en su parte frontal. El jardín no es tal, sino que queda constituido como plinto urbano para toda la propiedad. El jardín, la casa, quedan sobreelevados del suelo mediante la transmutación del vallado en muro de contención del relleno interior de la parcela, lo que permitía ganar toda la superficie útil de la parcela para jardín, dado que almacenes, cocheras y servicio quedaba a nivel de calle, pero bajo el jardín. Aún hoy, queda protegida de su entorno de alta manzanas de vidrio por este plinto sencillo que a modo de plataforma separa la casa de una realidad de la que huye virtualmente.

Este mismo mecanismo, introducido conscientemente como deliberado mecanismo urbano en el caso del *palais*, está bien presente como necesidad constructiva en el caso de las cabañas de Skjolden y Todtnauberg. En este caso, son plintos de mampuesto de piedra del lugar, una reordenación material del espacio sobre el que se van a levantar, que las separa de la humedad del terreno y nivela una superficie de uso. En Skjolden, donde aún persiste este plinto en la ubicación original do la cabaña, el plinto permite avanzar sobre el paisaje, sobresalir de la posición original que permite el terreno como remate superior de una operación liviana de movimiento de tierra en el lugar, mostrando el plinto ubicado *sobre* el terreno.

En Todtnauberg ocurrirá todo lo contrario, el plinto apenas sobresale del terreno, sino que se posiciona en acuerdo entre un vaciado del terreno y la formación de un breve terraplén, una posición demediada entre el soterramiento y la elevación, resultando como un mecanismo de presencia y dominio visual en el paisaje, pero desde la inclusión en el terreno.

En el caso de estas cabañas, el plinto es el mecanismo para encontrar una libertad mediante la posibilidad de construir un espacio habitable, fuera de la ciudad y como un nodo en unos paisajes de naturaleza no

Plinto sobre el que se ubicaba la cabaña en su ubicación original sobre el fiordo en Skjolden, (foto Enrique Quintana) Estado original antes de la reconstrucción de la cabaña en 2019

Desmonte junto a la cabaña de Todtnauberg y protección con el paño de cubierta

La cabaña en Todtnauberg, sobre el paisaje, en 1968, foto Digne Meller.

antropizada al que los une, tan contradictoriamente, este plinto que también las separa del suelo.

El plinto por tanto introduce en la calle un incremento diferencial de artificialidad, pues se define el espacio privado por exclusión directa a la par que por reproducción de una naturaleza ajardinada que nunca existiere en el lugar, lo que lo convierte en una inversión urbanística de la secuencia parcelación-urbanización-edificación que fundaría la periferia de

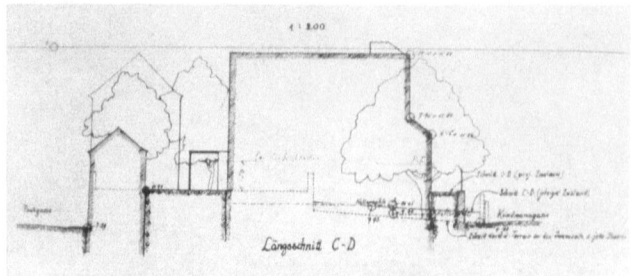
Sección transversal del proyecto original de 1926, de Paul Engelmann y Ludwig Wittgenstein (1)

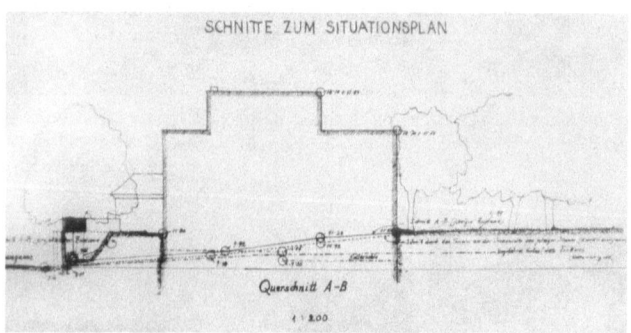
Sección longitudinal del proyecto original de 1926, de Paul Engelmann y Ludwig Wittgenstein (2)

tantas ciudades, como un organismo complejo en conjunto apartado de los órdenes urbanos próximos que debieran haberlo justificado y soportado visualmente.

La superficie en blanco que crea el proyecto con el jardín artificial elevado produce un *piano nobile* dentro de otro, la cota del jardín sobreelevada a modo de estilóbato urbano asume un semisótano lúgubre y sin sentido más allá del servicio doméstico. Pese a ello, la plataforma artificial del jardín provoca un lugar de posibilidad casi absoluta, contenida sólo en los límites que son a la vez los de la parcela.

Este artificio del plinto evita la clasificatoria interpretativa de la casa en términos históricos de creación de ciudad [9]. La parcela trasciende sus límites al elevarse sobre la urbanización, y la edificación queda fundida

El palais en 1970, foto Otto Kapfinger.

desde la visual de las calles circundantes. Al evitar la clasificatoria, el esfuerzo por poseer la esencia de la globalidad queda imposibilitado para una clasificatoria histórica del conjunto de casa y jardín; de esta forma, la artificialidad de la casa y su propuesta urbana radica en la propuesta de una inserción urbana alternativa, que une los procesos urbanísticos clásicos de parcelación, urbanización y edificación como un conjunto. La casa, por su colocación, ubicación y relación con la ciudad inmediata, es un precursor de hacer ciudad en el extrarradio, sumergida en el tejido pero deseando escapar del mismo.

La casa en realidad se recrea como un objeto perdido en un jardín, un jardín traído aquí como rememoración física del paraíso, ya fuera de la ciudad. Mediante la reproducción artificial de una pequeña naturaleza [10] parca y sencilla, lejos de los bosques austríacos, tenemos una naturaleza antropizada como modelo de referencia de realidad. Se reintroduce la figuratividad del gran árbol para la superación de ese nihilismo figurativo que caracteriza a los pensamientos post-mortem judíos, y ligar la operación así con el jardín del edén primigenio. Este aislamiento respecto la ciudad inmediata evidencia el deseo personal de Ludwig Wittgenstein de realizar una propuesta separada de toda producción histórica de la ciudad, incluso desplazándose de la ciudad tradicional; intentado producir un proyecto desde sus inicios [11].

La plataforma urbana surge como una superficie activa, no solo como mero soporte, donde la arquitectura emerge como figura autónoma. El jardín elevado es la figuración material del alejamiento de la realidad que el mismo Wittgenstein buscaba, pues queda claro que Wittgenstein llegó a entender la arquitectura como trabajo de transformación sobre la realidad [12]; un trabajo que separa la casa de la ciudad pero a la par la fija férreamente por la presencia de dicha plataforma a nivel de calle.

Tras la traslación de la ubicación del proyecto, se descubre que la casa se proyecta independientemente de la parcela. El proyecto original queda plasmado en las plantas de la vivienda, sin referencia a localización o límites parcelarios; no se concibe como un complejo de conjunto. El jardín es tratado inicialmente, tanto en una ubicación como en la final, como un mero soporte del objeto-casa [13].

Las cualidades de ciertas propuestas arquitectónicas tienen tal potencia activa en la visualización de la coherencia formal para con la ciudad que ciertos accidentes urbanos, heredados de planeamientos incoherentes o situaciones jurídicas comprometidas, llegan a singularizar tanto a ciertos edificios que llegan a personalizarlos por el pie forzado con el que arranca su geometría [14]. La casa se proyecta como un volumen autógeno en una ubicación diferente, y cuando se traslada a la Kundmann llega en un momento en el que todo el sector estaba en vías de desarrollo; la caída progresiva del nivel de la calle Kundmann hace que la casa se separe aún más de su entorno próximo mediante este plinto sobredimensionado a esta alineación, mientras que la opuesta, la Parkgasse, fue finalizada por la propietaria para dar acceso a las cocheras, y se hizo de forma tan forzada que la calle quedaba como un fondo de saco no apto para la circulación de vehículos. Toda la calle que denomina la propiedad [15] queda marcada por el mecanismo visual del muro soporte, modificando la visual urbana y elevando el fondo de perspectiva de la calle; con el Danubio siempre presente en el punto inferior de la misma.

La casa es un conjunto ampliado respecto a la vivienda, fundado en la actualización de un tipo histórico, el de villa rural -que hace la permanecer permanentemente actualizada aún hoy- pero completamente autónomo respecto del lugar en su generación -incluso fue proyectada inicialmente para otro lugar y translacionada posteriormente- y, a la vez, completamente sensible al mismo y a sus cualidades geográficas y orográficas.

El nivel del jardín elevado sobre la ciudad circundante, foto del autor)

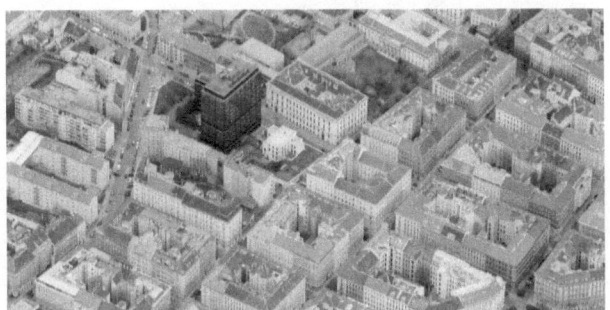

El palais en la actual Kundmann, distrito III de Viena (imagen Bing maps)

Este volumen principal de la vivienda, aislada y elitista, se asienta en el lugar junto con una actuación estereotómica comedida, que adapta el terreno existente realineando las cotas y que crea una plataforma sobre la ciudad que posibilita la impronta que el *palais* tiene en la Kundmann. La superficie en blanco del jardín artificial sobreelevado separa la casa del orden previo de la ciudad, y se funde con ella. Esta plataforma artificial provoca un lugar de posibilidad casi absoluta, contenida sólo en los límites, pudiendo modificar el territorio próximo de la Kundmann mediante la ubicación del conjunto construido y su ubicación. Este artificio del plinto facilita que el conjunto se trascienda al elevarse sobre la urbanización, y la edificación queda fundida desde la visual de las calles circundantes.

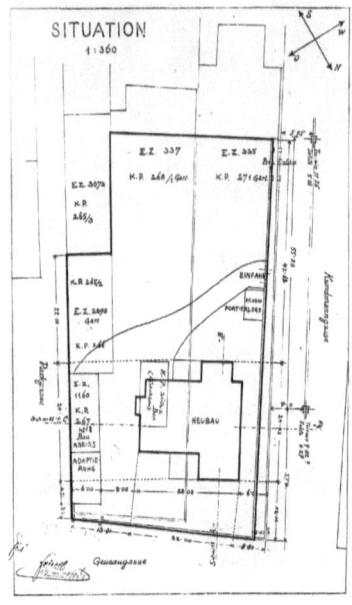

Planta de conjunto del proyecto del palais, noviembre 1926

El volumen de la vivienda, mucho menor que el ámbito de la casa, se manifiesta al exterior con cuatro caras complementarias entre sí, que se establecen como parte inequívoca del mismo objeto al poseer una composición similar en las proporciones y distribución de vanos. En estos alzados, proyoctados desde la presencia exterior como plano exento sin mayor ley formativa que su aparición en la ciudad y en el jardín inmediato, no podemos diferenciar las variadas interioridades que cierra. No se puede distinguir el dormitorio de la cocina, el alzado es una máscara superpuesta que limita la distribución interior. En la planta baja la distribución de huecos está conformada según la relación de los espacios sociales con el exterior, pero en las plantas superiores esta distribución de huecos supone la única posición posible de los huecos, forzada por la ubicación de los inferiores, y es por ello no se corresponden los huecos con los espacios, incorrespondencia forzada según los mecanismos geométricos de la planta principal

Esta sumatoria de vivienda de geometría clásica y actuación urbana conforma un conjunto global que es a la par local y universal, anclada en

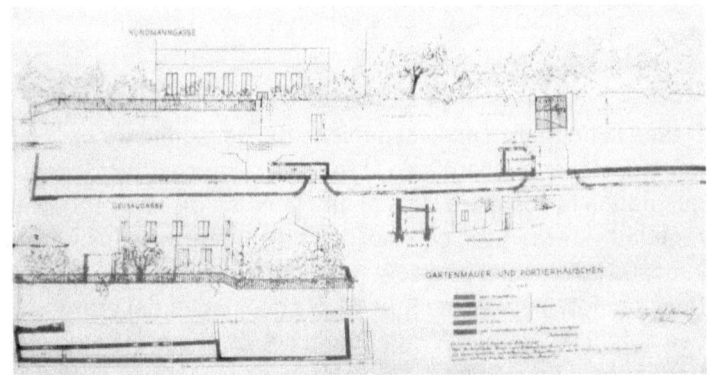
Proyecto original de 1926, contención que forma la plataforma, con usos internos

la historia y actualizada en el tiempo, y que determina una combinación complejo y difícilmente clasificable que evidencia las dos esferas en las que actúa –o debe actuar- el proyecto de arquitectura.

El plinto urbano es de la misma materia, el mundo no es algo de lo que solo se protege, también le da sentido con esa operación, es una figura –el plinto- que lo recompone todo. Esta figura se genera desde una oposición conceptual ya definida –protegerse a la par que ser visto- y que conlleva la situación anómala de tener un sótano, con cualidades y condicionantes de este tipo de espacios, pero que sin embargo se encuentra sobre la rasante de las calles circundantes.

La conformación del conjunto del *palais*, como vivienda y proyecto urbano, queda apartado de las clasificatorias de la naturaleza y de la ciudad. Se podría establecer que la vivienda y el podio -plinto- poseen cualidades tectónicas opuestas, pues tal y como establece Semper con sus términos de *earthwork* y *roofwork*, casa y plinto forman unidades diferentes. Según esta dicotomía han sido explicitados por pocos autores, aunque queda claro que tanto vivienda como podio son igualmente artificiales y se realizan desde la suma de material no desde la excavación. Ambos son *tectónicos* y *estereotómicos* a la vez, como se refrenda a nivel estructural y material, pues lleno y vacío son operaciones complementarias en esta operación de desnudez progresiva del material. Tanto es así, que el sótano de la casa se encuentra sobre la rasante de la calle.

LA REPRESENTACIÓN DE LA REALIDAD

Desde la confianza en la capacidad del pensamiento para interpretar el mundo, el filósofo confía en la técnica para modificar la realidad, por lo que define la composición y el dibujo no sólo como representación de una realidad externa, sino como el mecanismo de introducir exactitud en el caos. La belleza del proyecto nace por tanto desde el ajuste entre la modificación potencial de la realidad y la capacidad del proyecto para ordenar ese potencial. Para el Wittgenstein del *Tractatus* era algo inalcanzable, pero para el Ludwig tras la Kundmangasse [1] es la expresión del perfecto ajuste entre su funcionalidad y su estructura interna, una coherencia entre la potencialidad de su función y la forma de su organismo interno.

El dibujo técnico trata de plasmar la técnica mediante un reflejo fiel de la objetividad de su funcionamiento, con independencia de las habilidades o intencionalidad de quien las realiza. La consecuencia de la objetividad es la consecución de una máxima precisión en la que se sintetiza la idea sin mayor expresión que el propio objeto, esto es, sin la impronta de una huella personal que determinara el estilismo personal. Esta precisión facilita que los objetos se delineen ellos mismos, dando como resultado una correspondencia cierta entre el objeto representado y la realidad de su ente particular, esto es, *verdad* y *exactitud* [2].

La representación de la casa durante el proyecto muestra la dificultad que para Wittgenstein supone la impureza de fijar el funcionamiento del vacío en una hoja de papel limitada y concreta. La mirada en planta, cartográfica, es un afán por medir el mundo en una casa, como si la observación fuera suficiente para percibir al completo la naturaleza. Sus dibujos industriales estaban llenos de notaciones a la causa formal y estructural de cada muesca, de cada geometría, quizás esa fuera la causa de la inexistencia de esbozos o croquis por su parte, pues la necesaria indefinición implícita a la mano alzada era detestada por él [3].

El dibujo de la casa es una composición compacta y compleja. Nada debería ser alterado o eliminado del mismo durante los trabajos de construcción, en clara oposición con el quehacer habitual y característico de las obras más significativas del eclecticismo postmoderno que surgiría cuarenta años más tarde. La dirección de la obra tiene una clara exigencia:

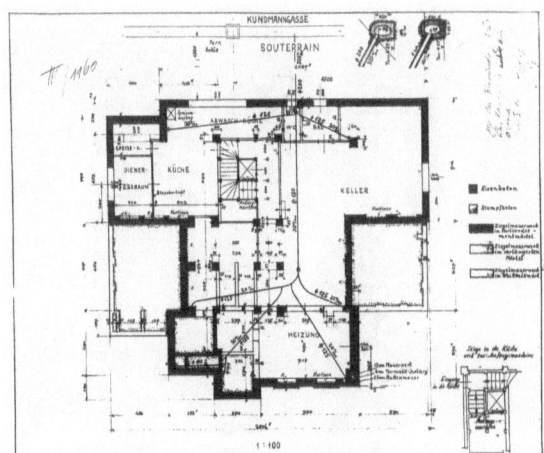

Planta sótano (pero sobre rasante) del proyecto original de Engelmann y Wittgenstein, 1926

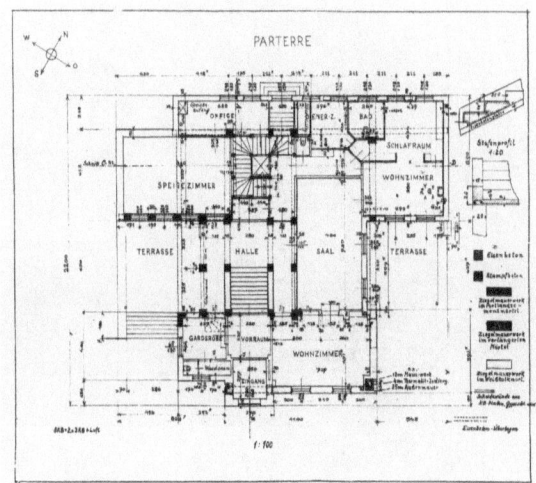

Planta principal del proyecto original de Engelmann y Wittgenstein, 1926

que la realidad construida se ajuste a la realidad representada [4]. En el plano, interior y exterior queda seccionados al mismo nivel, por lo que no son reconocibles [5] al primer golpe de vista. Interior y exterior dibujan un contorno global que queda lejos de la realidad final, en la que estas categorías sí quedan claramente delimitadas por las condiciones climáticas y lumínicas -no así visuales, pues el acabado superficial actual es similar en interior y exterior- y de igual forma, no hay evidencia de la presencia

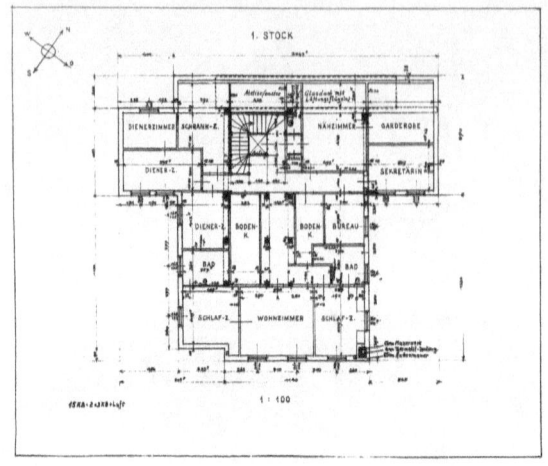

Planta alta del proyecto original de Engelmann y Witgenstein, 1926

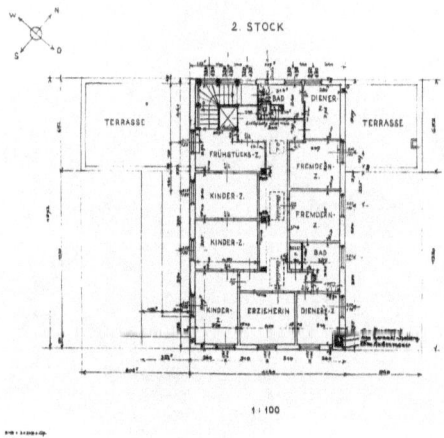

Planta ático del proyecto original de Engelmann y Witgenstein, 1926

delimitada de elementos estructurales específicos. Todo queda plasmado en el plano, con una jerarquía lineal que asimila lo que existirá físicamente -los muros de ladrillo- con lo que existirá en vacío -las medidas-; el proceso es rígido y lineal, pues inicio y fin coinciden en plenitud, ampliándose mutuamente uno sobre otro. El dibujo utilizado para plasmar sus ideogramas es sincréticamente clásico, pues no disponiendo de una clara idea de lo que debería ser la casa sus trazos son rígidos, casi definitivos. Para Engelmann la casa es siempre una casa edificada en volumen, construida,

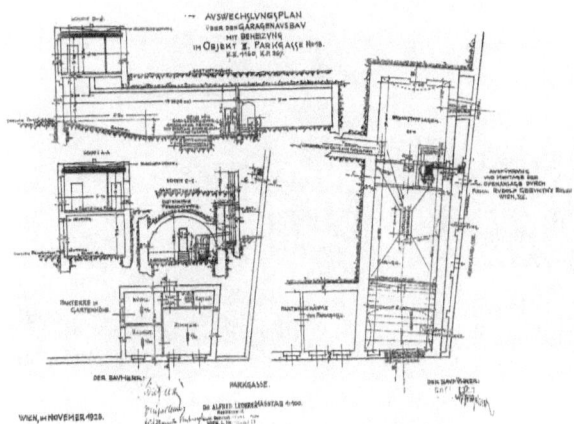

Detalle de la casa del guardia, ocupada por Wittgenstein durante la obra, noviembre 1928

y no sólo se busca la casa, sino que la conformación de esta ofrezca una suerte de adaptación histórica a lo que se supone debe ser una casa o palacio, pese a que la escala se tornaba realmente doméstica frente a los palacios de los Wittgenstein. Sorprende el trazo tan rígido, cuando en este estado de proyecto sería necesario un trazo suelto, meramente indicativo, pues es un estado mental en el que se busca una realidad global y se ha de retener mediante insinuaciones, no mediante líneas [6]. Baste señalar que un muestreo de medidas en la casa -actual- establece la exactitud casi perfecta de las medidas del plano original [7].

Los grados de diferenciación que separan la plasmación gráfica de lo que ya existe en la realidad física -esto es, re-presentación- de la proyección gráfica de lo que ya existe en la realidad mental sólo pueden escalarse como un continuum gradual que existe solamente acotado entre los extremos absolutos de los valores umbral de existencia o proyecto previo. La casa posee en su existencia física una obsesión de la perfección y de la exactitud que sólo puede tener cabida en el contexto del positivismo. Los planos y dibujos denotan en ciertos rasgos su clara vocación *Neue Sachlichkeit*, en un radical propugnar la realidad descarnada, actuando -siempre en positivo- contra el sentimentalismo del arte burgués.

Lo que define el proyecto como un proceso radical de síntesis desde el pensamiento y la acción, es lo característico de la intervención y direc-

Foto de la esquina noreste, con la casa del guardia ya remodelada al final de la obra, noviembre 1928

ción del pensador sobre el proyecto de estas arquitecturas. El reduccionismo y el segundo proceso, de limpieza de lo existente y de redefinición conforman las dos actitudes del arquitecto en el sentido contemporáneo, pero aquí encontramos a un filósofo con formación de ingeniero que plasma técnicamente una realidad metalingüística que se hará realidad con la construcción, manteniendo la representación de la futura construcción en el plano proyectivo habitual.

Engelmann jugó un importante papel en la difusión de la obra de Wittgenstein, interviniendo desde la disciplina de la Arquitectura en el pensamiento, pues fue el que personalmente se encargó de publicar las primeras interpretaciones del *Tractatus* desde una explicación ética, contra la corriente anglosajona de mostrar el *Tractatus* como una genialidad técnica en lo concerniente a la figuratividad lógica y del lenguaje. La acción superpuesta de ambas esferas eleva la superposición formal de ambos accionarios de ese proyecto hasta la cualificación del proceso de la casa como proceso característico de un tiempo posterior al coetáneo.

Por supuesto, esta inestabilidad es imposible para la mente de Wittgenstein, y al interrumpir el proceso de Engelmann y apropiárselo, los dibujos son de planta, alzado y sección, lenguaje base de la Arquitectura desde el principio, con un corte claramente clasicista evidenciado en los claros principios compositivos de la escuela iniciada por Adolf Loos: masas defi-

Perspectiva de la entrada al palais, según Paul Engelmann, antes de la intervención de Wittgenstein, Noviembre 1925

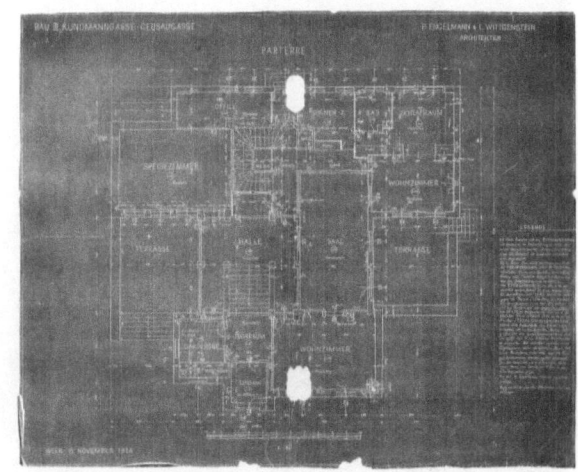

Planta principal del proyecto de obra, Noviembre 1926, copia administrativa, fuente Rathaus Wien

nidas, volúmenes claros y aplicación reconfigurada del ornamento clásico. Estos últimos planos producen gran desagrado a Wittgenstein, que pretendía elevar la regla estética de la abstracción a estilo *"auténticamente moderno"*. Wittgenstein no haría ideogramas hasta su vuelta a Cambridge en 1929 y comenzar sus investigaciones sobre la percepción del pensamiento y la filosofía de la percepción más allá de la lógica [8]. Todo ello le llevaría, 20 años más tarde, a un manuscrito versado sobre el dolor, los sentimientos y la figuración. El hombre real no universal ha nacido para Wittgenstein tras la muerte del *Tractatus* y la realización del *Palais* [9].

PARTE II

REDUCCIÓN DE ELEMENTOS

La influencia del filósofo al intervenir en un proyecto de arquitectura pasa sistemáticamente por reducir la interpretación asociada a los elementos, para que la estructura sea solamente estructura, no aportando nada más interpretativamente, liberándose incluso de su lectura como organización portante por tener el mismo tratamiento y remates que el resto de sistemas. Esta reducción de la interpretación que facilita el filósofo nos ofrece una imagen sin referencia histórica, pues queda reducida la ausencia de orden histórico no sólo por la reducción del ornamento, sino que se realizará una yuxtaposición de las estructuras funcionales, físicas y visuales que, sumadas, conforman el funcionamiento habitacional de un espacio.

PROCESOS DE PROYECTO, NEUROSIS Y ESQUIZOFRENIAS

El proyecto de arquitectura clásico es un proceso lineal y positivista, conducido forzadamente desde una geometría heredada hacia una entidad mayor, formada por los elementos formadores de la construcción del espacio, que conforman paulatinamente su entidad de conjunto hasta estructurar una *concreta* eternidad del espacio y el tiempo.

Por necesidad evolutiva y social, las vanguardias de principios de siglo buscaban un nuevo estilo fuera de la historia, sin precedentes estilísticos. Lo que en a finales del s.XIX se buscaba con ansiedad -una nueva arquitectura con estilo propio que ofrecer a una nueva sociedad- se tornaba absolutamente necesario entonces. En pocos años y debido a las nuevas necesidades y nuevos materiales, el academicismo *beaux arts* se mostró plenamente incapaz de hacer frente a una sociedad compleja con nuevas formas de generación y movimiento, y se produjo un cambio radical, hacia una arquitectura de geometrías, de materiales y de sistemas que no rehuían su tradición histórica, pero a la cual las *bellas artes* se mostraban como una mera anécdota.

Con la *Sezession* comienza la posibilidad de un nuevo estadio del proyecto clásico de arquitectura en Europa central. Todos estos movimientos modernistas y su inmovilidad del *"odres nuevos para vino viejo"* estaba bien presente en la Viena de principios de siglo XX, en la que Karl Kraus [1] arremetía en sus medios contra escritores preciosistas, como Hofmannsthal; mientras Thomas Mann y Oskar Kokoschka se distanciaban contra el expresionismo de la mundanidad de Klimt, que a su vez se revolvía contra los pintores costumbristas. Un desconcierto pleno en el que la inestabilidad política de los últimos años del Imperio no hacía sino radicalizar las situaciones nuevas en su encuentro y superposición con lo existente, tanto en pintura, arquitectura y política. Kokoschka aprovechaba la plataforma fundada por Kraus en *Die Fackel* para afirmar en 1899 *"La pobre Viena duerme plácida al son del Valls y se está despertando sobresaltada por el ruido infernal del siglo XX"* [2]

Detalle de la entrada a la estación de metro de la KarlPlatz, de Otto Wagner (1895-1899), foto del autor

Casi peor, la modernidad de Otto Wagner derivó desde sus enunciado al modernismo de la *Sezession* y su *Ver sacrum,* que no nacía de las necesidades del nuevo siglo, sino como renovación de las condiciones decimonónicas que habían llevado las ciudades, y a Viena en particular, a un callejón sin otra salida sociopolítica que la guerra. Esta particular lucha de trasfondo social, centrada en el material-arquitectura afectaba al sensible Wittgenstein, cuya exigencia de reducción material y abstracción formal se definía como enunciado de base de cualquier proyecto. Para su amigo Adolf Loos [3] –y con él, su discípulo Engelmann- el artificio de la arquitectura establecía a la misma lejos del auténtico arte, dejándola como una construcción altisonante [4]. Aquello que tiene función debe quedar fuera del arte como tal:

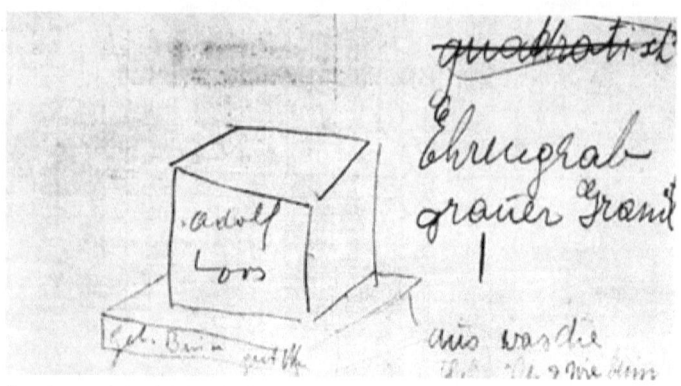

Boceto para la tumba de Adolf Loos, de reducción completa (1937)

"Sólo hay una pequeña parte de la arquitectura que pertenezca al arte: el monumento funerario y el monumento conmemorativo. Todo lo demás, lo que sirve para un fin, debe quedar excluido del reino del arte" Loos, Adolf [5]

Los principios compositivos de la arquitectura del *Internacional Style* conforman una arquitectura como volumen, con un absoluto predominio de la regularidad en la composición, y con total ausencia de decoración añadida. Estos principios no sólo se corresponden con un pragmatismo formal, sino que se basan en el intento de hacer lo máximo con la menor materia prima posible, dando el mayor número de soluciones habitacionales posibles con la misma cantidad de materiales. Esta conformación unitaria y alejada de su contexto físico y temporal dota de una libertad creadora sin igual a un modo de proyecto de carácter universalista, idóneo por resultar ser el resultado de su conformación constructiva, sin aditamentos no necesarios constructivamente.

Paul Engelmann comienza una serie de esbozos y croquis en la ubicación inicial interior de la manzana de la Allegasse. En una primera fase Engelmann realiza un claro croquis en el que define una línea exterior con una no tan definida distribución interior. Sobre esta planta desarrollaría un alzado de doble planta, en el que los huecos se enmarcaban con un amplio marco y en el que la superficie de cerramiento se mostraba ni adorno o subestructuración a excepción de un recortado alero a modo de *cavetto*. Es una planta simétrica, en la que se puede intuir un claro

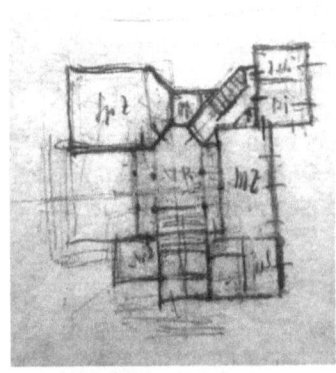
Croquis de planta principal para el palais, de Paul Engelmann

Boceto del volumen del palais, proyecto de Paul Engelmann

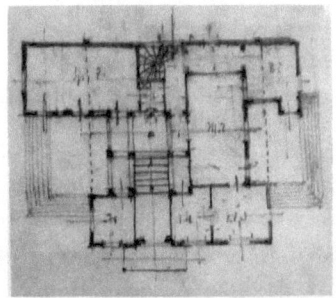
Croquis definitivo de la planta principal de Paul Engelmann, antes de la intervención de Wittgenstein

movimiento de acceso normal a la dirección de la simetría principal. Hay trazas ya de un arbolado ordenado junto la entrada.

Si revisamos todo el proceso, no hay rastro de generación de secciones ni de datos numéricos más allá de una nota al pie [6]. Son croquis de líneas repasadas, retrazados –excepto las volumetrías finales de la fase décima y última- en los que se define cierto modo de actuar en alzado como una producción de volumen alejada de las relaciones que han generado las plantas; unos paramentos finales recogen y homogenizan todo el interior y su largo desarrollo, y las diferencias de alturas, usos y superficies llegan al exterior limitadas por huecos similares; en una producción de cierre radicalmente opuesta a Loos y su *Raumplan*, en el que las diferentes estancias se relacionan de diferente forma –diferentes huecos y a diferentes alturas- con el exterior.

En la planta de Mayo de 1926 [7] -en la que no hay alzados- la versión de Engelmann justo antes de que Wittgenstein tomara parte activa más allá de las meras recomendaciones, tiene claramente definidas las condiciones relacionales de un volumen reconocible que se fragmenta en otros tantos por la intervención en las estructuras funcionales contenidas en él. El inicio volumétrico se fragmenta y se disgrega hacia el interior de los diferentes ámbitos, y un programa específico para las necesidades –y deseos-de la propietaria. Está esbozado un claro hall central, al que se llega directamente desde la entrada, con dos columnas centralizadas [8] y una evolución en espiral que evoluciona en sentido dextrógiro recogiendo sobre este centro el comedor, el office de servicio, la escalera de comunicación con el resto de plantas –que por el momento no existían- el dormitorio, la habitación de música y el salón. Se cierra al noroeste dando un testero casi macizo a la misma calle que la nominaba: la *Kundmanngasse*.

El proceso de figuración y ajuste interior al que Wittgenstein somete el proyecto inicial de Paul Engelmann, desactivando cualquier intento de éste sobre la aplicación de una trama universal de proporciones para la conformación de los espacios de la casa, que se desarrollan desde la cualificación proporcional a modo de adopción de modelos de relación entre medidas de ancho y alto, una razón de sustracción del orden global del conjunto según una formalización del volumen de la casa como un volumen iniciático al que se le han restado partes.

Wittgenstein, con una profunda depresión por la reciente muerte de su madre [9] y por su forzoso abandono de la profesión de maestro, encontró en la dedicación requerida para el proyecto una cierta salvaguarda personal, que entraría definitivamente a formar parte responsable del proyecto desde la primera semana de Junio de 1926, exactamente tras la redacción de la planta final a finales de Mayo de 1926 por parte de Engelmann, cuando Wittgenstein convence a su hermana para cambiar incluso el solar de ubicación. El proceso de proyecto salvó a Wittgenstein de una depresión severa, por la intensidad que requería en la focalización efectiva de su energía mental.

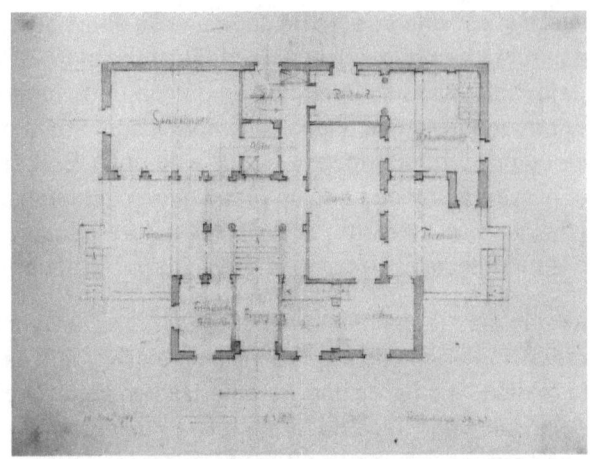

Planta final de Paul Engelmann, antes de la intervención de Wittgenstein

Croquis del volumen del palais de Paul Engelmann, antes de la intervención de Wittgenstein

Sobre esta planta comenzó a trabajar Wittgenstein en Junio de 1926, tras convencer a su hermana y su cuñado de trasladar el proyecto fuera del Ring. Mediante unos exhaustivos ajustes de las medidas de salas y *hall*, desplaza las condiciones de la yuxtaposición de unos espacios -asociados al programa ya establecido- que estaban ya consensuados con la propietaria. Wittgenstein altera las proporciones de las salas, sin prestar atención a las medidas [10], proporciones aún sin definir cualitativamente en el proyecto de Engelmann. Wittgenstein opera mediante un trayecto al estudio directo de cada una de ellas, personalizándose en cada espacio y con ello introduciendo la dimensión vertical en el proyecto, dejando de lado su inserción en un conjunto superior establecido de antemano pero que, inexorablemente, como toda otra disciplina en la que se ocupare, quedaría modificado a su paso. El acceso de Wittgenstein al proyecto provoca que un plano que Engelmann pretendía definitivo volviera a un momento anterior, de indeterminación, en el que lo que está definido pesa tanto como lo que está por descubrir.

Lo que resulta demoledor en el *Tractatus* es la voluntad de llegar a la reducción última de un sistema enunciativo para estructurar la noción de la realidad mediante una sistematización obsesiva. Todo lo que se puede decir, se puede decir de forma *"clara y distinta"* [11] por lo que el mundo, que está constituido en último término por enunciados elementales, puede ser reducido a su esencia mediante el enunciado y la superación de los reflejos de los enunciados elementales. Una vez estos enunciados han sido depurados a su esencia por el lenguaje lógico [12] queda resuelto el problema de la filosofía, tanto en su búsqueda como en su expresión [13].

En la época del comienzo de la reproducción técnica de la obra de arte, la construcción de la obra de arte como plasmación racional y a priori de las formas sensibles y como síntesis trascendental de elementos compositivos puros comienza a entrañar la eliminación del objeto [14]. La volumetría y sus espacios interiores no se realizan por agregación de elementos, sino por organización de sustracciones sobre un cuerpo que posee en su interior el orden a proyectar, al igual que Miguel Ángel (Michelangelo Buonarroti) sabía que la escultura yacía bajo los restos de material que tenía que eliminar [15]. Esta sustracción hubiera recreado espacios paralelepipédicos exactos, que no pueden serlo por el vasallaje del espacio ideal a la gravedad. El espacio sustraído, cavernoso, no es geométricamente natural, queda delimitado aquí por el artificio cartesiano de sólo tres direcciones en el espacio y queda delimitado por su forma y dimensión geométrica.

El 15 de Noviembre de 1926 estaría listo todo un compendio de planimetría que constituiría el Proyecto de Ejecución [16]. La planta baja de la casa ha sido reajustada según el carácter preciso para cada espacio que Wittgenstein quiere definir: Wittgenstein ha paseado por el interior, analizando cada sala detenidamente, y reconfigurando la yuxtaposición entre las mismas. También ese volumen original del que la casa era una

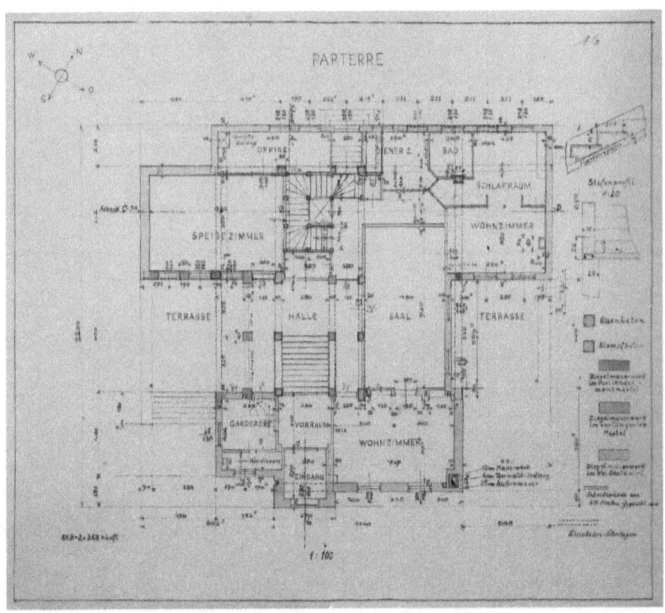

Plano final Nov 1926 constructivo

alteración para Engelmann se ha corregido, siendo una proporción más esbelta la que establece unas líneas de estructura que no seccionan las salas principales. Wittgenstein elimina también su presencia mantenida con la apariencia alterable de los volúmenes laterales a esta planta primigenia cuadrangular. Las alas laterales pesan, ya con una extensión similar al volumen principal.

Se ajustan las proporciones de la sala para que sea perfectamente cuadrada (1:1) tanto en su interior como en el cuadrado en el que quedaría contenido. La altura se ajusta ya a 3.80 m. y desde ella se fundan las relaciones de la planta baja con el exterior: la planta desciende y queda entre 20 y 30 cm más cerca de la cota del jardín que Engelmann [17] estableciendo una secuencia clara de entrada a la casa: ya no se pasa de la entrada al hall central, sino que de la entrada se pasa al vestíbulo y de ahí al hall central. Se gana profundidad y los progresivos reflejos entre la entrada y el vestíbulo tamizan la luz y la anulan levemente por la profundidad ganada, permitiendo la aparición repentina en pleno centro

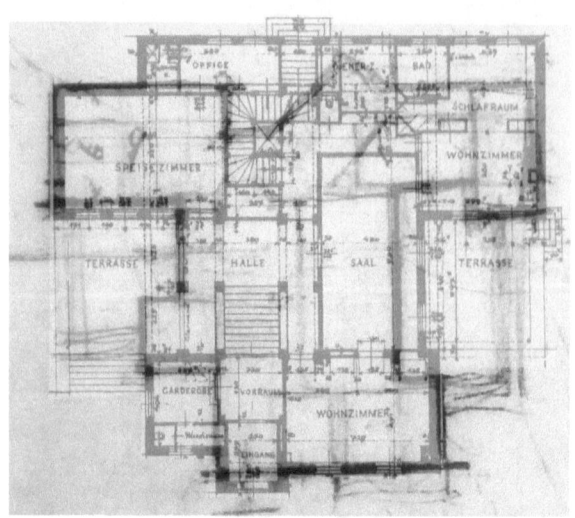

Superposición de planta final y el esbozo de Paul Engelmann antes de intervenir Wittgenstein (elaboración del autor)

neurálgico de la casa, que se nos aparece luminoso, abierto a la luz del sur -si hubiere una luz cálida en Viena vendría del sur- y vacío. En el hall por tanto se sintetiza la alteración de la condición exterior que llega hasta el interior: al alterar el volumen primigenio las línea de estructura asociadas a él se agrupan transversalmente por la presencia de mayor número de pórticos transversales asociados a los volúmenes laterales que aparecen en las modificaciones sustanciales de Wittgenstein, y el carácter lineal y axial de la estructura toma un carácter aún mayor.

Sin embargo, durante el proceso de toma de decisiones de todo proyecto en arquitectura la elección implica la eliminación de las alternativas, restando esta cualidad la aparición del universal en esta cadena de decisiones. El esfuerzo por la erosión formal y apariencial es un ejercicio casi despótico de una soberana inducción al artificio al descubrir que la toma de decisiones no se refiere a lo universal, sino al particular limitado. Es evidente el esfuerzo realizado en la despersonalización del carácter de la casa, al menos visualmente, en el que se tensiona la superficie, el material, hacia la objetividad, hacia la neutralidad. Todo se opone a la subjetividad del diseño como campo personal de las manías personales del arquitecto.

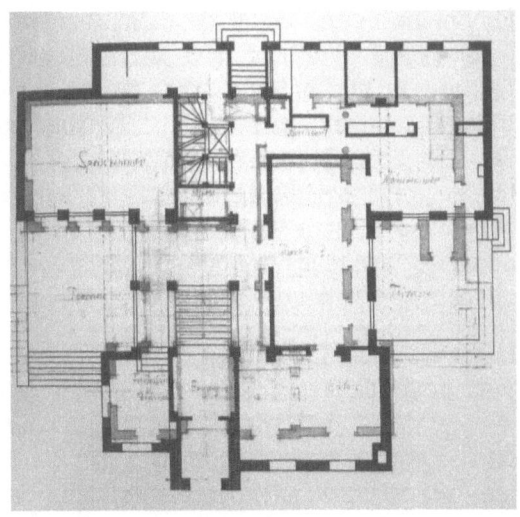

Superposición de la planta de Mayo de 1926 de Engelmann (gris claro) y la final de Noviembre de 1928 conjunta (en negro) montaje de P. Wijdeveld

La planta baja por tanto posee infinidad de ajustes posteriores de Wittgenstein sobre el proyecto de Engelmann: la escalera se dobla en superficie -no así en comodidad- y ahora rodea un hueco central donde se sitúa un moderno elevador. Se organiza un programa abigarrado en el extremo norte, junto el estar de la propietaria [18], cuyo estar sigue abierto a la terraza noreste y a la sala de música, pero que sin embargo tiene ahora espacios de servicio junto a la misma. Este programa nuevo en el noroeste de la casa, cuya alineación se hace próxima al límite de la parcela a la Kundmanngasse, amplía el volumen primigenio de Engelmann, alterándolo por completo y dejándolo irreconocible, pues los alzados finales se muestran no correspondidos entre sus alineaciones opuestas. Esta incoherencia entre opuestos es el carácter evidente que surge en el primer estudio de los alzados, pues por la recurrencia de una posible forma en T que la casa posee, asociada a su dimensión, el alzado sureste –de entrada a la casa- posee una dimensión que es 2/3 partes del alzado noroeste, que ofrece la verdadera presencia de la casa a la Kundmanngasse; evidenciando que el proyecto de Engelmann evolucionado por Wittgenstein es claramente contemporáneo con las propuestas espaciales de Adolf Loos y su *Raumplanung*.

El principal esfuerzo que realiza Wittgenstein sobre la planta de Engelmann es el desarrollo de una idea de modernidad sobre elementos ya fijados, y un concepto de alzado inevitablemente clásico, pues tiene que trabajar sobre algo ya realizado y pensado por otro, no comienza desde un vacío sin condicionantes, aunque los fuera superando. El filósofo necesita siempre la toma de decisiones externas para comenzar a trabajar, pues el proceso de proyecto, íntegramente un sistema de toma de decisiones, pertenece a la disciplina arquitectónica, y en estos ejemplos el recorrido del pensar al hacer depende siempre de un trabajo profesional previo.

La transposición hasta el proyecto de arquitectura desde la integridad ética sintetizada como rigor matemático es el objetivo último de Wittgenstein; un filósofo que no había superado su etapa previa del *Tractatus*; trabajando para la transcripción literal de la coherencia personal más allá de una licencia para el capricho de la expresión personal. Este trayecto del pensar al hacer lo hace desde la integridad interior de los condicionantes respecto a los contornos formales de la posibilidad del establecimiento interior, una integridad basada en *la estructura de la forma*, una cualidad íntegra que surge del interior de los condicionantes morales en vez de ser impuesta desde el exterior por medio de reglas, principios y deberes. La construcción de la casa física se realiza con la misma línea justificativa que la sumprematización positivista del individuo desde la moral integral católica, de corte agustiniana, del Wittgenstein del Tractatus.

Respecto a los últimos esbozos del proyecto que Engelmann dejaba establecidos, finalizados en una planta completa en solitario, Wittgenstein también ajustó los huecos, y sobre todo, diseñó todos los componentes mecánicos, instalación eléctrica, calefacción y fontanería. Así, la escala de las habitaciones quedaba determinada por unas dimensiones seriadas que seguían una armonía de proporciones coherentes, los colores se eligen por su neutralidad, -incluso el blanco era intencionado, de ahí el gris perlado nominal- las texturas, por su resistencia y su abstracción sin figuras de montaje o fabricación.

Es especialmente significativa la consideración sobre la casa como un objeto generado desde sus relaciones interiores que define Baudrillard, asimilándola a un objeto de consumo y, por tanto, mediano entre las relaciones sociales y la producción industrial:

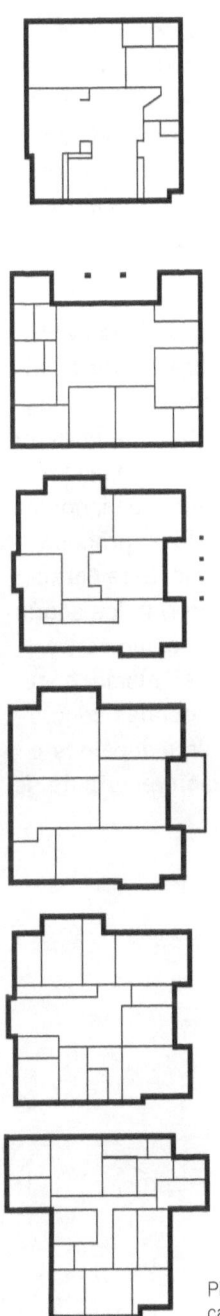

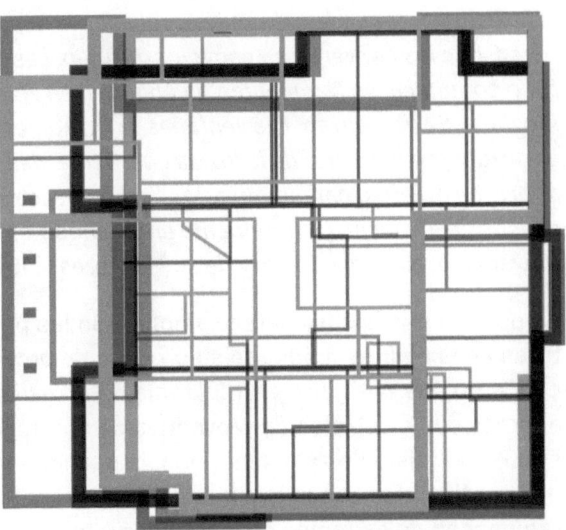

Superposición de las anteriores plantas, a escala similar. La casa Wittgenstein sobre todas. Nótese la coincidencia de medidas.
Montaje del autor

Plantas a escala similar de villa Müller, estudio de villa, casa Konstand, casa Kellor, casa Lier y Palais Wittgenstein, de Engelmann

"Las habitaciones y la casa misma rebasan la separación tradicional de la pared, que las convertía en espacios-refugio. Las habitaciones se abren, todo comunica, se fragmentan en ángulos, en zonas difusas, en sectores móviles. Se liberalizan. Las ventanas ya no son esos orificios impuestos a la irrupción del aire y de la luz, la cual venía desde el exterior a posarse sobre los objetos, para iluminarlos "como desde el interior". (...) Ahora es el espacio el que juega libremente entre ellos y se convierte en la función universal de sus relaciones y de sus "valores" [19]

Es por ello que la casa parece ampliar -en las primeras intuiciones y lecturas de la misma- mediante su proceso de proyecto y obra posterior, el concepto que Wittgenstein [20] tenía de la *realidad*. El proceso de la casa aparece como correlación proyectiva con profundidad suficiente para posibilitar el inicio de esta inmersión, buscando en último término la razón de la radicalidad con la que aparenta estar conformada esta casa, no una radicalidad de extremos conceptuales, sino de potencia de un proceso radical de *sampling* entre ideación y material geometrizado. Este característico proceso de proyecto de la casa -unos planos deformados según un rígido principio ético previo que no estuvo presente en el momento del dibujo concreto- levantaba un perfecto objeto útil en sí mismo, poco afectado por la vida humana codificada por estructuras sociales concretas. El tipo arquitectónico de la villa rural se superpone aquí al palacete urbano para permanecer en el tiempo, pero la construcción resultante se ubica fuera de cualquier tipología codificada.

KITSCH Y MOBILIARIO

Desde las pinturas rupestres o los bajo relieves de algunas casas de Pompeya y hasta la arquitectura contemporánea, los cuadros añadidos sobre los paramentos son intentos de transfigurar la realidad domestica a través de ventanas imaginadas a un mundo mejor que el presente, bien lejano en el tiempo o en la geografía, puesto que las ventanas reales se muestran limitadas por el lugar, el clima o el momento histórico. Hasta la aparición del cubismo, los lienzos colgados en las paredes tratan de ser ventanas abiertas a perspectivas imposibles. Se ubican para sustituir a ventanas que no se tienen, a miradas que se sueñan o a lugares en los que la posibilidad de estar es mayor que en la ubicación de la propia vivienda, al menos temporalmente. Las representaciones de montañas, de marinas, están tan lejos de la realidad inmediata de las viviendas que no es hasta la modernidad cuando la ventana comienza a mirar fuera, objetivando el mundo desde un relativismo visual y moral que ha llegado hasta nuestros días. En el *palais* había pocos cuadros y pocos objetos inicialmente [1] por imperativo de Ludwig Wittgenstein, forzando la abstracción visual y la neutralidad del marco físico que los espacios son, para evitar la recurrencia a representación figurativa alguna.

Wittgenstein rechazó las alfombras, candelabros y cortinas, cualquier elemento añadido como decoración interior, al considerarlos incompatibles al ser meros añadidos al rigor de sus superficies neutras y puras. Los espacios pretendían estar acabados en sí mismos, y no necesitar más que de unos pocos muebles para facilitar su uso [2]. Esta fría monumentalidad rompe con una modernidad vienesa que no deseaba aún desprenderse completamente del ornamento, y provoca en la casa un vacío funcional que no pretende establecer relación unívoca entre edificio y función, abriendo al edificio a las posibilidades de uso que finalmente acogería. En la actualidad, el edificio se muestra completamente vacío, ofreciendo la visión de sus espacios sin aditamentos, lo que nos ofrece la posibilidad de analizarlo sin contaminaciones visuales de tipo alguno.

Contra los edificios de la vanguardia del primer cuarto del s.XX, desde Wright hasta Rietveld, en las que el mobiliario está realizado en consonancia con el resultado físico de las relaciones arquitectónicas para

Salón de invitados, 1931, foto de Hermine Wittgenstein

Despacho de visitas, 1931, foto de Hermine Wittgenstein

ser un complemento estético, la casa no es resultado de una relación forzada hacia una obra de arte total [3], en tanto que Wittgenstein está principalmente interesado en las respuestas que facilita el edificio, no los problemas que crea su cualidad espacial característica. Esta arquitectura

Salón privado de la propietaria, 1931,
foto de Hermine Wittgenstein

Salón de visitas, 1958 (autor desconocido)

propuesta [4] está tan vacía, tan disponible, que puede ser amueblada, habitada y representada con objetos antiguos o modernos, en tanto hagan justicia al interior propuesto por la eliminación de lo superfluo

Se recrean sensaciones, ante la falta de interés de un entorno habitable. Y si hay interés, la eterna insatisfacción de la entelequia cultural humana hace siempre aspirar a algo más que lo presentado ante nuestra conciencia momentánea. Quizás la fruición de degustar escenas olvidadas de otros lugares sea la clave de la representación decorativa en las casas, pero en el *palais* la visión fragmentada de los vanos verticales no están hecha para ver, sino para imaginar. Al ver sólo un fragmento de calle, del edificio próximo, o una vista lejana del Danubio, la casa se exterioriza, ampliando el ámbito de la vida a una ciudad contenida en la interpretación personal del habitante de la casa, y la estructura visual es ampliada sobre ella.

El uso del pasado contenido en el mobiliario no es enunciado según un principio rígido y atroz, sino como cohesión de todas las partículas del presente que, en su relación abierta con otros tantos fragmentos del pasado, forman en su conjunto la realidad de la época en *esa* obra y *en* esa época. La casa hubiera entusiasmado a Benjamin, aunque no parece probable que la conociera [5]; sobre todo porque el tiempo en el que queda fijada la casa no es la historiografía clásica, sino una temporalidad *especializada*, que abarca un complejo campo semántico extendido desde este gesto prosaico del esfuerzo del proyecto hasta la cultura pangermánica tras el Expresionismo, justo en el camino de consolidación del Movimiento Moderno.

Como en los palacios heredados del pasado, las habitaciones del *palais* son prácticamente independientes de su mobiliario de ocupación. Son espacios autónomos definidos por sus proporciones y sus sencillas simetrías, únicamente las lámparas se encuentran colocadas como aditamiento superficial [6]. Sólo las puertas y ventanas, estas lámparas y los despieces de pavimentos son los elementos reconocibles de un espacio vacío que trata de ser un espacio neutro para la vida, cuyo resultado de ocupación es un mobiliario concreto.

El mobiliario y los instrumentos de decoración se muestran así, según la valoración que el materialismo histórico hace de ellos, como un muestreo eficaz de la representatividad fijada de los medios de producción y relaciones económicas de una época. Esto, que en la teoría habría de provocar que la casa fuere un contenedor de épocas muy diversas, acaba siendo un soporte de incoherencia y falsedad cuando industria facilitante y objeto resultante no son correspondidos por las exigencias de un *degustus* social que fuerza la elaboración de piezas *kitsch*. Esta falsedad hiperimpuesta por el *heimat* germánico nace de la incoherencia entre

Hall de la casa con mobiliario, 1961 (autor desconocido)

Sala de música, 1961 (autor desconocido)

soporte material -que sale de la tradición para fijarse sobre la industria moderna- y forma interna final, pues junto con la representación de escenas costumbristas [7] las geometrías añadidas a la figura base hace del *kitsch* un sistema de falsificación material e histórico que, sin embargo, se resiste a ser eliminado de la cultura popular [8].

"El materialismo histórico hace saltar fuera del curso lineal de la historia una época determinada, así como una determinada vida de la época, o una determinada obra de la obra general. El resultado de su procedimiento

La mesa de trabajo de Heidegger en la cabaña, estado actual, foto Rolf Haid)

reside en que en una obra se halla conservada y custodiada la obra general, en la obra general la época, y en la época el curso entero de la historia. El fruto nutriente de lo históricamente comprendido posee en su interior el tiempo, como semilla preciosa pero carente de sabor" [9]

El objeto es síntesis de la producción de una sociedad y su estatus técnico. Los objetos relatan un momento histórico de una sociedad, y en su evolución, el recorrido de ésta [10]. Del mismo modo que las sociedades se mezclan unas con otras, encontrándose, separándose y desarrollándose, los objetos se afectan y desafectan mutuamente en las casas, puesto que los tiempos diferenciales del mobiliario son presentes y simultáneos. El *palais* es un contenedor de la cultura personal y los tiempos vividos por la familia, mientras que la cabaña de Todtnauberg será una adaptación de un espacio secular para el trabajo intelectual, con pocos objetos que sirven a varias funciones, inevitable en los espacios contenidos. Los muebles, los cuadros, ocupan la geometría y experimentan el espacio de un único modo, personal. La caja de resonancia que amplía la vibración del continuo espacio-tiempo contenida en ella resuena con el tono marcado por la vida –eterna y temporal- de la ocupación mobiliaria. Benjamin, contra el esfuerzo lineal de los historiadores del arte y los filósofos, valora como momentos clarificantes de la realidad histórica de cada época, las obras en las que la realidad histórica se quiebra, queriendo ir más allá.

EL COLOR

Pese a la interpretación nihilista que la crítica ha realizado del luminiscente color blanco omnipresente, el *palais* es *de* color. Es un color neutro que forma parte del espacio, con una clara significancia del estadio jerárquico de las relaciones entre significado y significante para la arquitectura de Wittgenstein; la relación del color con el espacio vacío o geométrico es biunívoca, con un doble sentido, el color altera espacio vacío y el espacio vacío altera el color. El confort visual de la casa no descansa en el equilibrio tonal de tonos fríos y cálidos, sino en la oposición significativa del gris perlado de pared y techo [1] y el gris oscuro del solado, escala de grises evidenciada por el tono cálido de la luz Sur y las lámparas de incandescencia incorporadas.

La superposición de diferentes tonos de luz provocada por las diferentes orientaciones de la casa [2] queda contrastada por la profundidad de la composición pictórica formada en los diferentes alzados interiores por el color oscuro de cerrajerías, suelos, paredes y techos. Todo el movimiento dentro de la misma queda fijado sobre la perspectiva de los paramentos que actúan a modo de proscenio, mediante una sencilla codificación por la cual todos los elementos ligados al movimiento [3] están acabados en barnices semibrillantes, y los elementos murarios se acaban en un rugoso mate que los asemejan al exterior. Las puertas metálicas, tanto puertaventanas como ventanas y puertas interiores, estaban esmaltadas en un color compuesto: gris claro (50%) mezclado con un verde oscuro. El resultado era un color oliva de gama fría y apariencia casi grafitada.

"Es difícil afirmar cuál era el color gris claro de las puertas metálicas, era mucho más claro pero se ha ido volviendo más oscuro con el tiempo. Tengo la sensación de haber reconocido un gris claro mezclado con un poco de verde" [4]

Los muros, paredes y techos de las salas a las que abría el hall estaban cubiertos con aquel estuco mixto con cierto tono ocre añadido a algo de rojo. No era, desde luego, el blanco aséptico que desdibuja hoy los contrastes de la casa. El suelo era de un gris brillante, que ha ido

Potenciación de los efectos de sombra
por el perlado de las superficies en el hall.
foto G. Steiner, 1971)

Salón de música, estado original,
foto Moritz Nahr, 1929

acrecentando el brillo característico con el paso de los años pero se ha ido oscureciendo considerablemente. El pretendido efecto de contraste creado por un círculo cerrado de brillos de puertas –hoy anulado, la actual laca es mate- y el brillo del suelo -ambos reflejando a aquel que fuere desplazándose por la casa- quedaba desmaterializado sobre las opacas superficies mates, minerales, lejos de los brillos a los que se asociaba la industria.

Perspectiva desde el nivel de entrada, cerrajería de salida a terraza Suroeste. Estado actual, foto del autor

Entrada al despacho de visitas desde el hall, estado actual, foto del autor

Los muros con acabados a la cal son casi elementos *neutros* por su referencia a lo abstracto y refuerzan, en su evidente contraste, el claroscuro del reflejo de los elementos artificiales: el metal brillante de las cerrajerías y un suelo de hormigón con apariencia metálica. Tras la guerra, y ante la imposibilidad de reproducir los mismos colores -quizás en un arranque intervencionista de Margaret- todos los espacios de la planta principal -los más sufridos durante la guerra- fueron pintados de un blanco perlado, con un intenso brillo. Esta capa blanca uniforme provoca una alusión en la mirada interpretativa hacia la condición convencional de la casa, que la asimila en apariencia a piezas coetáneas del movimiento moderno [5] reconocibles en la serie de exigencias dogmáticas a modo de rasgos de estilo.

Nada más lejos de la realidad. El blanco del Movimiento Moderno era una síntesis superficial de las condiciones de racionalidad, funcionalidad, pureza e higiene que la arquitectura representa en su corporeidad física. El espacio de Wittgenstein posee un grosor por aprehender, asimilado visualmente por superficies pulidas, esmaltadas, que eran receptivas a la luz y la desmultiplicaban en el circuito cerrado y sempiterno de los reflejos mutuos [6]. Esta complementariedad entre superficie fija mate y superficie manejable brillante está ligada con la estabilidad visual y háptica de la casa, pues la misma no es manejable por el individuo para alterarla, sino como mera adaptación de un estado ideal, congelado, a las necesidades propias del habitar. Por eso no hay automatismos [7]. Todo es actualizable momentáneamente, pero la casa no cambia durante su historia, independientemente de la vida contenida.

Esta configuración del conjunto como objeto complejo ya era fuente de trabajo durante el proyecto de Engelmann y Wittgenstein, aunque fuera de una manera ciertamente velada. La planta se proyecta como una composición que no re-presenta los objetos. Construye arquitectónicamente formas geométricas, relaciones y colores puros. Ninguno de los elementos que lo componen son representativos del objeto. No hay objeto, sino que es sustituido por una síntesis programática de formas puras sintetizadas desde un análisis del programa en los huecos restantes de una resta sobre el volumen inicial.

En estos espacios de estancia producidos mediante no sólo por una neutralidad de color sino también por la reducción de contrastes, se denota una doble formalización geométrica: en las conexiones de unas estancias con otras, su presencia simultánea se insinúa en la referencia a lo inmediatamente conexo antes de llegar a él, mediante una concatenación de espacios en secuencias visuales continuas. Transversalmente a estas concatenaciones, se abren los sucesivos ejes transversales en cada estancia. Cada estancia posee por tanto una triple simetría: dos en planta, una en alzado, por cada paramento. Al recrear esta sucesión de ejes de simetría en el movimiento en la casa, las dobles figuras hacen crecer la casa más allá de sí misma en sus partes y su conjunto global.

Las plantas se generan con los mismos tonos homogéneos, ofreciendo a cada estancia las mismas cualidades de color [8] y codificación axial que a las demás, todas son paralelepipédicas y grises, sin importar el destino que se le tuviera reservado. Todo se compone en el mismo sentido negativo de esta sustracción [9] y cada espacio de la casa [10], queda despojado de su figuratividad por estas superficies neutras, sin brillos, y de su jerarquía en relación al resto de la casa. Las imágenes presentan en situaciones diversas las posibilidades formativas de la doble simetría -en planta y sección-. El espacio parece liberarse de toda influencia histórica, de todo carácter preformativo. Los pesados muros construyen una ilusión de liviandad en su abstracción, dado que pierden la figura pesada del material.

El suave contraste entre los diferentes tonos de color y la similitud en el carácter de todos los espacios –todos similares, pero diferentes- son significantes de una acción proyectiva excesiva [11]. Este exceso homogeniza las realidades interior y exterior mediante la continuidad de superficies de paramentos y la disolución de su grosor mediante la disposición de una doble cerrajería, reduciendo las diferencias de tonos –de color, de uso y de percepción- a una suave continuidad tonal, cuarta esfera de los sistemas de proyecto, que hace perder el carácter industrial que se pretendía de ella para quedar fijada en la experiencia fundada en el contraste de los matices.

EL MATERIAL

Wittgenstein veía la edificación como un acto muy superior a la mera colocación en vertical de material según un orden prefijado o estructuralmente comprobado. No concebía que la obra de la casa se realizara con materiales amorfos o elementos manuales, pues esa indefinición no era mediada por un proceso industrial que lo dotara de precisión y medida, aunque todo se dejara en manos de obreros, trabajadores manuales [1]. En el invierno de 1927, el trabajo estructural de la casa estaba terminado, que fue realizada mediante unos amplios muros de ladrillo de un pie y medio, que tenían imbuida una moderna estructura de pilares interiores de hormigón armado, con algunos de sus pilares reforzados exteriormente con metal, pues la técnica no era completamente dominada por el constructor.

Ningún elemento en sí tiene la apariencia de ser el resultado de un proceso analítico y sintético de ingeniería y posterior desarrollo industrial, sino que surge de un modo mucho más personal, por intuición y comprobación posterior del resultado inicial. Los pensamientos y las intuiciones toman similar importancia a la tolerancia de medidas en el dibujo, y surgen en la relación con el material como prerrequisito de la precisión. Si hubiere trabajado sobre esculturas, sin embargo, al no tener leyes físicas que conformen su funcionamiento –pues es puramente artístico- pues no inventa nada. La casa sí lo hace, en todos sus elementos. Así, los solados de toda la casa son de hormigón armado de puesta in situ, fijado con grandes despieces, con una superficie ligeramente coloreada y semipulida en gris muy oscuro, casi negro. Los muros y techo fueron pintados con un ocre-amarillo muy pálido, pero las superficies del hall fueron acabadas con un estuco de cal muy duro que se dejó en su color natural gris claro. Los materiales son austeros y sencillos, pero en ningún caso modestos.

El enlucido de cal que reviste el interior de cerramientos y tabiquerías–diríase que casi lo protege del accionamiento humano, no a la inversa- es similar al del exterior, al que un enfoscado de cal de apariencia casi idéntica protege la casa de la atmósfera y la humedad danuvianas, pese a que el jardín ya hace de plinto protector. Esta superficie exterior, cara externa de la casa [2] expresa el carácter del interior por la similitud en

Estado de la vivienda desde el sur, 1968, en sus último días habitada

Estado original de la vivienda desde el jardín, 1929, foto Moritz Nahr

la incomodidad de los paramentos: En el interior paramentos no hidroreguladores, en el exterior paramentos abstractos sin orden clásico. El habitante de la casa se siente incómodo por la variación de humedad y el efecto de pared fría, el habitante de la ciudad por la falta de referencia de una construcción que no sabe interpretar y descubre carencias personales. Aunque en la Viena de la época los edificios tenían que comunicar el origen antiguo y casi místico de los órdenes arquitectónicos, y aunque ahora consideramos las fachadas como pantallas que arrojan información, la abstracción de Wittgenstein actúa protegiéndose del ruido exterior que aparece en la ciudad, alborotada, cambiante e inestable.

Es esta abstracción industrializada la causa de que no se incorpore la madera. La madera saca su substancia de la tierra, es un elemento natural fruto y síntesis de ciclos naturales suprahumanos. La madera tiene un calor latente, y el tiempo es figurativo en ella, por la disposición de fibras y tamaño. Wittgenstein no concibe entonces objetos sencillos como resultados de procesos, y, salvo los laminados utilizados para el diseño de sus muebles de la primera etapa de Cambridge, era reacio a utilizarlos. La madera es lo contrario al vidrio, es incorruptible, incoloro, inodoro, es una forma de la tierra cero de la materia que no deja traslucir más que el signo de su contenido y se presenta por su transparencia, su pureza, su objetividad [3]. El vidrio es la coherencia perfecta entre la materialidad de una esencia y la concreción moral de las necesidades relacionales de transparencia, y por ello la presencia es obligada y fundamental en la casa. Incluso para la privacidad de algunas salas se recurre a vidrios opalizados. Sólo el pasamanos del tramo de escalera que baja desde a planta principal al sótano se hace de madera [4].

Esta paradoja en la que la casa se mantiene en equilibrio -entre la singularidad de su concepción y obra y su imagen industrializada y propia de prototipo primero-, acaba reforzando la autorepresentación de la misma: En un primer momento, la apariencia se forma en base a una figura que superpone aspecto y carácter, superponiendo entidad y estética. Aspecto y cosa son esencialmente lo mismo en la casa. En un segundo tiempo, es evidente una deliberada formación consciente de la figura para separase y destacarse en el mundo y en la ciudad circundante. Se potencia social y visualmente la figura queriéndola mantener en su elevado carácter singular [5].

Y Wittgenstein construye esto mismo, abriendo la casa pero manteniendo el modo histórico de hueco y macizo, pues la superposición de categorías sugerida por la entrada más allá de la técnica del vidrio y los nuevos materiales con nuevas geometrías para el expresionismo de Taut, Scheerbart, Poelzig y Mendelsohn; que era incompatible con las categorizaciones lógicas de un pensamiento de Wittgenstein que comenzaba a quedar demasiado alejado de las operaciones que estaba llevando a cabo para levantar la casa conceptual y constructivamente. Por supuesto que la casa habría despertado las críticas más radicales del grupo ABC de

Vista del volumen de la vivienda desde el edificio de Kundmangasse 14, alzado Noroeste, 1958.

Vista del volumen de la vivienda, desde el Noreste, 1978.

Basel en su *Beitäge Für Bauen,* la revista de innovaciones constructivas: La casa está tanto o más alejada de los estándares sociales reflejados en el corpus normativo, de la construcción más innovadora y la lógica económica racional. Realmente, se intentaba construir de un modo racional e industrializado, casi prototípico, pero dicha formalidad estructurada no solo se genera como expresión de un sistema interno sino como una presentación de la escala de valores sociales que la soportan.

Los muros similares materialmente en interior y exterior llegan al plano del jardín cediendo plásticamente a su propio peso y producen un caveto

El hall, perspectiva similar, tras la rehabilitación de 1976, con la tonalidad aclarada de cerrajerías y paramentos.

El hall hacia el suroeste, con el pavimento original que hoy permanece, foto de Margaret Stonborough-Wittgenstein

que acuerda el plano vertical de las los cerramientos con el horizontal del jardín, resolviendo así también la protección al impermeabilizante del sótano. El alzado, abstracto e incorpóreo por la ausencia visual de grosor, llega al plano del terreno artificial del jardín y evidencia el peso de la casa al completo, deformándose según una estereotómica material que no existe en el resto de la casa. El suelo es un elemento basal que soporta al humano y, por ello, a la casa. Es exactamente lo opuesto a la liviandad de la casa de ladrillo de Mies y sus posteriores casas patio [6]. Contra la liviandad de Mies -geométrica y material-, la pesadez y trascendencia de lo propuesto por un filósofo arquitecto que descubre en la

Heidegger en la puerta de la cabaña de Todtnauberg, desde el plinto de piedra en mampostería y cerramiento de lañas de corteza

casa la trascendencia de las acciones físicas de la arquitectura como un revulsivo personal.

La ordenación sumada del material que implica el proceso constructivo para Wittgenstein es muy diferente de la trascendencia heideggeriana del acto mismo de construir. Mientras que para Wittgenstein la construcción es un medio de hacer posible una realidad inmaterial presente, para Heidegger construir se funde con el hecho mismo del habitar. Así, en su conferencia Construir, Pensar, Habitar (*Bauen, Denken, Wohnen*) establecería:

"El sentido propio del construir a saber, el habitar, cae en el olvido [...] el habitar no es experienciado como el ser del hombre: el habitar no se piensa nunca plenamente: como rasgo fundamental del ser del hombre [...] pero al escuchar lo que el lenguaje dice del construir notamos tres rasgos: 1. Construir es propiamente habitar. 2.El habitar es la manera como los mortales son en la tierra. 3.El construir como habitar se despliega en el construir que cuida, es decir, que cuida el crecimiento— y en el construir que levanta edificios". [7]

Esta trascendencia existencial para la construcción será interpretativa sobre el hecho completo de la edificación, como acto intelectual y vital a la par para Heidegger, construyendo una indiferencia sobre el material y la construcción concreta -en cuanto a orden específico, materiales, conformación...- coincide con la mirada de Wittgenstein a la construcción concreta como una mera excusa material en el intento de edificar física-

Rascapié original, mantenido en el estado actual, junto a la puerta de acceso.
foto Moritz Nahr, 1929

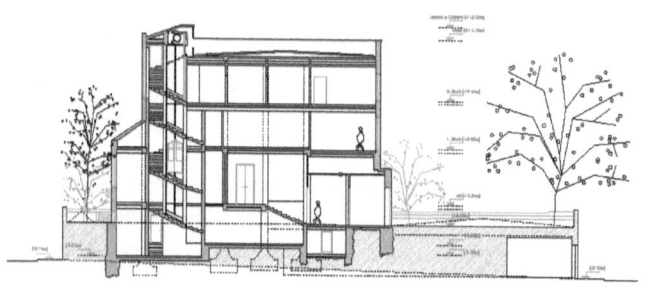

Sección transversal por el hall, estado actual, dibujo del autor

mente un reflejo de un sistema filosófico, pero que no exime del detalle para hacerla habitable.

La imposibilidad -que se va descubriendo- de hacer efectiva un sistema filosófico en una casa es hace muy evidente en esta indiferencia respecto al material y las técnicas constructivas concretas, en Heidegger desde la mirada general y en Wittgenstein desde el interés por la superficie acabada desde un revestimiento continuo que homogeneiza unas fábricas a las que no se presta atención específica sino desde su superficie final. Las cabañas, ambas, estarían construidas con materiales naturales, piedra, madera, ladrillo; mientras que la casa confía en una artificialidad de los materiales –al menos en su acabado- desde la confianza en una abstracta e incipiente modernidad que supera en su contraste las conexiones figurativas con la ciudad que la rodea y de la que desea desconectarse, estando sin embargo dentro de ella.

LA LUZ

La casa Wittgenstein está evidentemente ligada formalmente al carácter Mediterráneo del que se acusaba a los proyectos domésticos de Loos [1], pero reside en el Danubio. La luz es difusa y tenue, con un componente de temperatura solar que la hace casi blanca incluso cuando el sol se ubica hacia el sur. La luz del Mediterráneo es radiante y absoluta en su percepción y en su permanencia estacional. En las regiones que la viven, es tratada como un ente inevitable que inunda el interior del espacio, por lo que al cuerpo principal de la arquitectura se superponen subestructuras que la regulen y tamicen. Son estructuras ligeras, persianas, logias y ajimeces que regruesan visualmente la dimensión de unos cerramientos ya con amplias secciones para protegerse de la radiación y sus consecuencias. En la casa, opuestamente, el ambiente lumínico junto con la restricción térmica de la ciudad, deberían otorgar un carácter muy distinto al cerramiento, sin embargo los muros de la casa son a la par estructura y cerramiento, con pie y medio de ladrillo cerámico perforado que sin cámara ni discontinuidades llega hasta el interior. No hay esa mediación entre la luz exterior y la interior, y la arquitectura centro y norteuropea contienen un importante elenco de elementos y recursos para aprovechar las pocas horas de la misma.

Los huecos hacia el exterior son protegidos por una doble carpintería de acero laminado en caliente, con una delicada disposición de unas innovadoras toledanas, con diseños específicos de fallebas y galces del vidrio. El exterior se separa así del interior por una lámina abstracta que niega incluso su corporeidad en la abstracción exterior e interior del inusual tono amarillento original, que trata de anular las coloraciones frías o cálidas que levemente se insinúan en la región del medio Danubio a través del ciclo diurno. Tanto ventanas, cierres, mecanismos, comparten estos principios. Esta luz tenue y fría, de poco recorrido de temperatura de color durante el día, facilita la impresión de que los tendidos superficiales del interior se deslizan hasta buscar el exterior a través de unos huecos con doble cerrajería que niegan el espesor de los cerramientos.

Comedor, estado actual. La puerta de la izquierda conecta con el hall. Nótese la escala de la figura humana, foto del autor

Filtro ejercido por la doble cerrajería entre el salón y el hall, estado actual, foto del autor

Pero Wittgenstein no se conforma. Pese al tipo de luz vienés, en la casa se crea una piel tridimensional, que persigue enriquecer la relación con el exterior mediante unas estructuras intermedias. La piel es no obstante bidimensional, pero el espacio va más allá de las capacidades formativas de la caja –formada con láminas- que le da forma. Las ventanas se abren a una luz requerida, que inunda la sala de una forma tenue, apoyando las características del vacío secuencial que construye el conjunto de la casa. Los huecos, puertas y ventanas de la casa son cuadros de una luz que trae consigo la imagen de un nuevo jardín, una secuencia vertical que a modo de una *"fenêtre en longueur"* transversal, ata la casa al mun-

Comedor, estado actual, un día soleado, foto del autor.

do y al cielo, y que al estar situada en el extrarradio y aislada en medio de la posición superior en la que se ubica, aún se ve desde ella el cielo.

La luz artificial se emite desde simples lámparas de incandescencia [2] que arrojan sombras perimetrales sobre el solado, situándose tan altos y tan centrados que actúan a modo de focos omnidireccionales sin intensidad relativa. Durante su uso, proyectado para una iluminación general muy tenue, el espacio pasa a ser opaco y cerrado, se ha perdido la referencia exterior y al poseer estos puntos luminosos tan intensos el interior tiene una mayor intensidad lumínica, lo que provoca el reflejo del interior en el vidriado de las carpinterías, anulando el exterior.

Con estos pesados cierres en la casa –la casa visible, la casa de la planta principal- se hace la sombra, y con la ilusión de controlar el influjo de la luz con ellas cree el habitante controlar el ambiente exterior, aunque no pasa de ilusión óptica el hecho de que, en realidad, la realidad queda como opuesto ambiental del telón de fondo que los paramentos de la casa -y una

Hall, estado actual, con iluminación artificial y natural, foto del autor

Desembarco de la escalera en planta primera y zona de invernadero, en 1978, foto Otto Kapfinger

vez cerrados, también estos paramentos móviles- son. Este interior quedaba así aislado para sí mismo, sólo iluminado por lámparas de lectura y por la iluminación ambiental, brevísima, que Wittgenstein ideaba.

Wittgenstein proyectó un modelo específico de lámparas para toda la casa [3]. El modelo es sencillo: un cono conformado en alabastro artificial, con su vértice hacia abajo, de cincuenta centímetros de diámetro en base y quince centímetros de altura. Aunque geométricamente eran reducciones formales de las lámparas de *araña* cristalizadas, la excesiva difusión de la luz y el filtro del material usado iluminaban inadecuadamente los espacios. Para evitar incrementar su número, ajustado a los centros geométricos sucesivos de los espacios principales, se sustituyeron a los pocos meses por un sistema alegórico de reducción formal de las lámparas: una sencilla bombilla y su portalámparas, realizado en cerámica negra y colocada a tan sólo tres centímetros del techo. Hoy se han recuperado, con un casquillo de porcelana negra muy similares a los originales.

Vista original del hall durante los últimos trabajos de construcción, primavera de 1929, con las lámparas originales, foto Mortiz Nahr

Hay una clara intención de mostrar la fuente luminosa en sí, sin simulación de oposición o equipo. La fuente de luz queda localizada, igualmente organizadas por grupos sencillos según los espacios y su geometría espacial, tal y como se establecía en las lámparas originales, evidencian la iluminación que agrupa a todo el conjunto familiar, asimilando en él a los invitados. La iluminación es incómoda, pues las sombras proyectadas cuando la iluminación artificial es la única fuente de luz, hacen habitar la casa en una eterna penumbra más propia de un purgatorio celestial que de una vivienda representativa. Sin embargo es el símbolo de una identidad privilegiada, que asigna un valor personal a las cosas, proyecta sombras y contrasta presencias. En el resto de la casa se usaron candelabros y lámparas convencionales, si bien la iluminación artificial se mantenía siempre por debajo de un nivel cómodo, según expreso deseo de Ludwig, tal y como escribía al mismo la propietaria:

"La casa y el jardín son ahora muy placenteros para vivir. Pero, tú sabes, el jardín es mucho más que un soporte de la casa y, consecuentemente, no

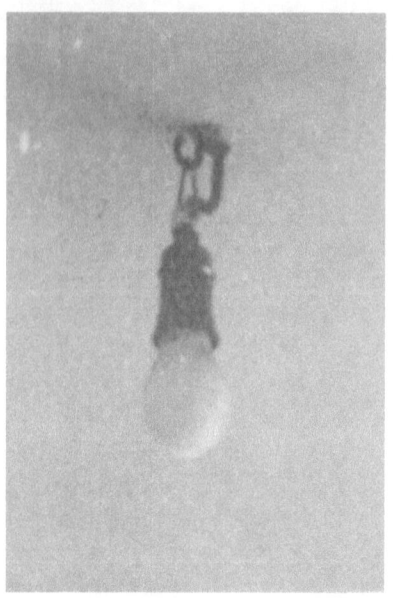 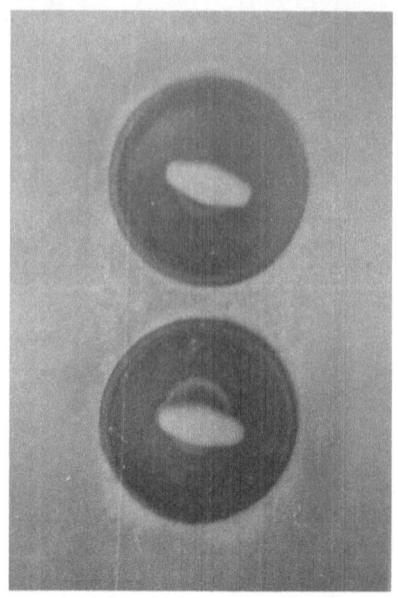

Lámpara final eleccionada, original 1928.
foto Hermine Wittgenstein

Los interruptores de porcelana originales,
foto Hermine Wittgenstein

puedo encontrar muebles adecuados ni lámparas para ubicar bajo el nogal. Ya es un sitio suficientemente oscuro." [4]

Cuando las luces interiores están encendidas, -no sólo los mínimos bulbos, sino el utillaje añadido por Margaret- la presencia simultánea de los interiores desde la perspectiva de cualquiera de las terrazas presenta la posibilidad de la presencia en varios interiores a la vez, que pueden percibirse a la vez, y sin embargo no pueden observarse al mismo tiempo. Las dobles *puertaventanas* que durante el día hacían síntesis del espacio atrapado entre ellas como grosor sintético de un plano virtual que separa interior y exterior, durante la noche desaparecen en el exterior en su práctica totalidad, manteniendo la estructura vertical de montantes como un tamiz liviano que abre el interior de la casa, en un carácter radicalmente opuesto al hermetismo del día. Desde el interior, la doble capa de vidrio hace desparecer el exterior por el reflejo continuo de un interior encendido y un exterior en penumbra, apareciendo en la cara interior de

El interior desde el jardín durante la noche, foto del autor

los cerramientos un blanco plano continuo, que hace aparecer una realidad alternativa y desdoblada en algunas partes del mismo [5].

Sin embargo, cuando permanecen funcionando durante el día [6] las luces interiores contrastan con la tenue luz exterior, evidenciando la naturaleza artificial y controlada de los sistemas interiores y la imposibilidad de controlar las condiciones del mundo exterior, finalidad última de creación de este espacio protegido. Esta presencia simultánea de luces naturales y artificiales conforma la complejidad de las relaciones lumínicas que cualifican los espacios como lugares de protección, sensación que no genera mediante una naturaleza artificial interior, sino evidenciando el carácter interior creando sombras, ausencias de luz que nos transponen al espacio protegido de la *cueva*, espacio *natural*.

PARTE III

RELACIÓN DE SISTEMAS

La casa se muestra inicialmente como un laberinto mental por la dificultad forzada por el propio Wittgenstein para producir una realidad pretendidamente compleja habiendo reducido radicalmente, sin embargo, los elementos con los que expresarse. Sin embargo, esto, que implicaría una sensación visual de vacío inhabitable, queda anulado cuando los sistemas se relacionan y afectan, ampliándose mutuamente, como cuando la presencia humana evidencia la escala de la casa, o la luz inunda las diferentes estancias por separado, ampliando el ámbito de la casa hacia el exterior...

MEDIDAS Y PROPORCIONES

La eliminación de toda cualidad característica no inherente al elemento arquitectónico se realiza en la casa por parte de Wittgenstein en términos de precisión. La precisión es valorada como el valor fundamental para la transgresión de los límites que separan la proyección grafica de la realidad construida, un modo de operar sobre la autonomía de los elementos que, en su conjunto, conforman la sintáctica. Para Wittgenstein, la precisión se expresa en términos similares tanto para una construcción arquitectónica como para una lingüística [1] sin embargo, pese al esfuerzo de algunos autores de inscribir plantas y alzados en unos trazados reguladores, éstos resultan totalmente artificiales.

El nivel de exigencia con la relación entre medidas provocó uno de los episodios más bochornosos de la construcción de la casa, tal y como sigue describiendo:

"Quizá la prueba más reveladora de la inflexibilidad de Ludwig a la hora de conseguir unas proporciones exactamente correctas sea el hecho de que hiciera levantar tres centímetros el techo de una de las habitaciones, que era lo suficientemente grande como para ser una sala, justo cuando era casi hora de comenzar a limpiar toda la casa" [2]

El interés por las proporciones de las salas [3], la relación entre ellas y la disminución en las alturas era para Wittgenstein un asunto primordial, pues era la magnitud principal de transmutación desde el plano a la realidad; objeto mucho más significativo que la producción de detalles de cerrajería, aunque estos ocuparan mucho más tiempo de sus trabajo como arquitecto. El interés de éste al incorporarse al proyecto no era sólo un cambio en su trayectoria vital, sino demostrar la inexorabilidad de que el pensamiento aplicado, artístico y técnico, no consiste en determinados conocimientos artísticos o técnicos, sino en el hecho de que las proposiciones técnicas son también gramaticales. La certeza arquitectónica de que *2m2+2m2 = 4m2* consiste en el hecho de que no lo utilizamos como una descripción, sino como una regla. La incorporación de esta biunivocidad entre pensamiento técnico reglado y resultado técnico del pensamiento habría de ser una de las mayores aportaciones de la filoso-

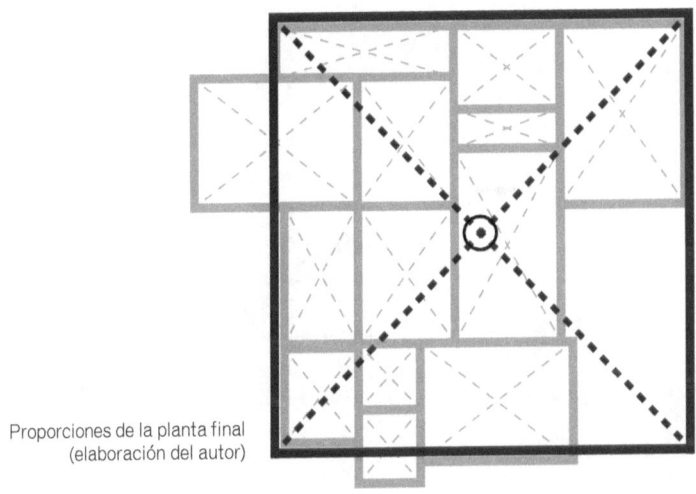

Proporciones de la planta final
(elaboración del autor)

fía Wittgensteiniana al inconsciente colectivo en el que creamos, transformamos y proponemos en la actualidad; y por esa regulación exterior de la normalización técnica la decisión sobre la altura es definida como uno de los parámetros principales para comprender la deslimitación gramatical que la casa supuso para Ludwig Wittgenstein, pues el entraba en el proceso desde una perspectiva de trabajo sobre los universales.

La aparente sencillez y limpieza de interior y exterior nos muestra la casa como un ente producto de una reducción radical, una pieza generada fuera de la ciudad pero dentro de ella, que sin embargo parece haber transmutado y aparenta marcar la propia rasante de las calles sobre las que aparece: Kundmann [4], Park y Geusau.

La escala –dimensional- de las diferentes plantas de la casa se generan en relación a la actividad del individuo que contiene; y la escala –dimensional + proporcional- de los volúmenes exteriores queda falseada por la ausencia de elementos figurativos de medida estandarizada. Esta neutralidad exterior continua en el interior [5], con simetrías recurrentes deformadas por las funciones establecidas y ejes visuales que quedan fuera del ser humano normal, tan sólo a la altura de los cíclopes homéricos [6], que habitan la eternidad vacía de la casa. La geometría en planta recoge la función establecida entre interiores y sus relaciones con los

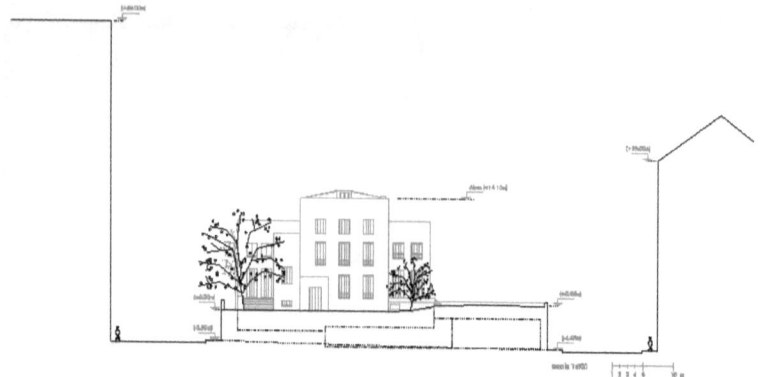

Alzado lateral a calle Park, estado actual, dibujo del autor

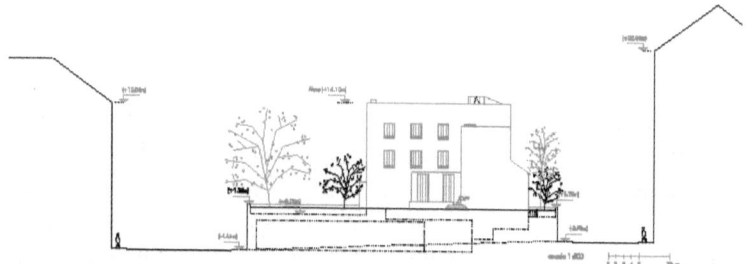

Alzado lateral a calle Geusau, estado actual, dibujo del autor

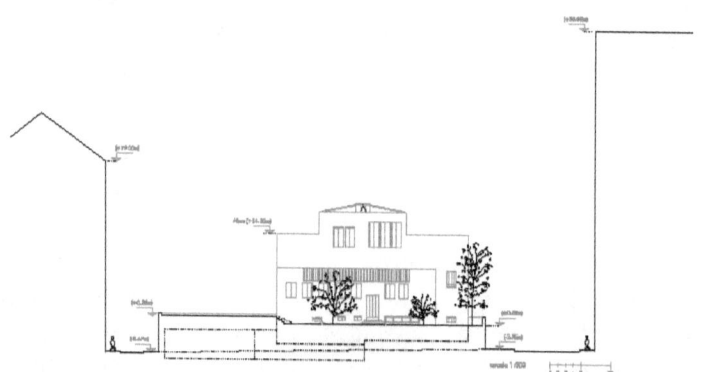

Alzado lateral a calle Kudmann, estado actual, dibujo del autor

exteriores, la geometría en sección y alzado asienta una percepción suprahumana que difiere de la formación humanizada de la planta.

La secuencia entrada-recibidor-hall marca el eje principal de la casa en la planta principal, conformando este espacio con una vocación centralizada tal que se pierde en él el sentido de la direccionalidad que culmina. La relación con los usos principales y el jardín sur son tan potentes que dichas posibilidades de relación desplazan el marcado eje longitudinal de la secuencia de entrada hacia uno transversal mucho más presente que coincide con las opciones reales de paso y uso. Este hall se abre a unas realidades anexas sobre las que no existe posibilidad de interrupción: los paneles de vidrio y los montantes de acero no admiten oscurecimiento alguno, y pese a la doble cerrajería de cierre el jardín siempre está presente en su interior.

Este espacio central, de una ajustada proporción 1:1 en planta, resulta de una percepción compleja por la interconexión que en él se concentra entre interior y exterior, entre altura de entrada y alturas fundamentales de cota de la planta principal, las múltiples direcciones y uso que desde él se pueden tomar y el vacío reprogramado al que queda forzado.

Aunque las dimensiones no dejan de tener una escala doméstica y permanecen dentro de la lógica funcional de una vivienda -no llega a 7x7 metros, con 380 cm de altura- la sensación de ejes paralelos y transversales reunidos sobre un punto central virtual provoca una sensación de monumentalidad que sobrepasa con mucho su escala física. Las fotografías sólo muestran la escala real desde el contraste con figuras de dimensión conocida.

Las conexiones de este espacio central y centralizado con las salas principales son similar en configuración pero muy diferente por composición. Este espacio central se encuentra rigidizado por cuatro ejes principales: 1. el de entrada, que se interrumpe en la pared norte, 2. el transversal a éste que une terraza con sala de música, el 3º y 4º que unen despacho con comedor y escalera con salón; éstos establecen la secuencia de desplazamientos del habitante, que sin embargo se verá abrumado por las posibilidades subsiguientes, permutaciones en base cuatro que dan lugar a más de 100 conexiones visuales.

Al fondo, la escalera es una construcción autónoma estructural y formalmente, que aparece dentro de la casa. Se asimila el movimiento vertical

El hall, desde la entrada al despacho de visitas. foto HWAt

como algo heterónomo que unifica las plantas unas sobre otras, y sus substanciales diferencias se condensan en este elemento que posibilita el uso en vertical de la casa. Es un ente estructuralmente autónomo de 440 x 440 cm, que contiene una escalera falsamente compensada de 128 cm de ancho en sus bordes exteriores y con un ascensor central inscrito en el hueco resultante de 122 x 122 cm. En el perímetro de esta entidad aparte se ubican 4 pilares de hormigón armado de 22 x22 cm, y 4 en el vano central formando el hueco del ascensor. El desarrollo dela zanca de la escalera se realiza con el mismo espesor de los pilares que la soportan, y en todo su perímetro.

Una de las principales aportaciones de Wittgenstein al proceso fue la inclusión de la medida vertical de todo el proyecto y su posterior corroboración y corrección durante la dirección de la obra [7]. Hay todo un muestrario de alturas libres en la sección, que son variables en cada parte: la planta baja tiene entre 3.80 m y 4,00 m de alto [8] la planta primera entre 2,85 m y 3,05 m y la de los niños 2.80 m. La cota varía según se haga la medida al descuelgue de vigas -que toman una presencia constante en plantas baja y primera- o al propio tendido horizontal. Si consideramos el espacio limitado entre planos horizontales la secuencia sería 4,00 m; 3,05 m y 2,80 m. para las plantas baja, primera y segunda, respectivamente.

La reducción paulatina en altura no tiene una correspondencia exterior por la autónoma composición del alzado [9], variando la altura de los huecos respecto al suelo y en la dimensión de éstos en vertical. Los

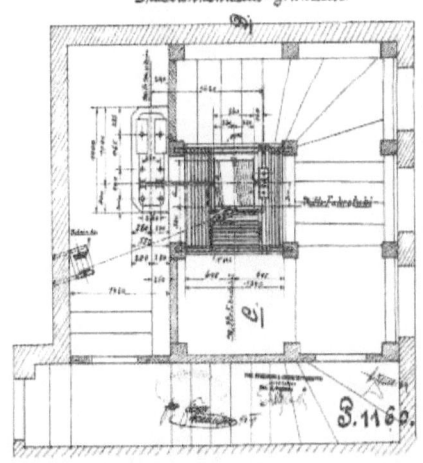

Detalle de la escalera en el proyecto, 1928

La escalera, estado actual, foto del autor

La escalera, con el ascensor acristalado interior. estado actual, foto del autor

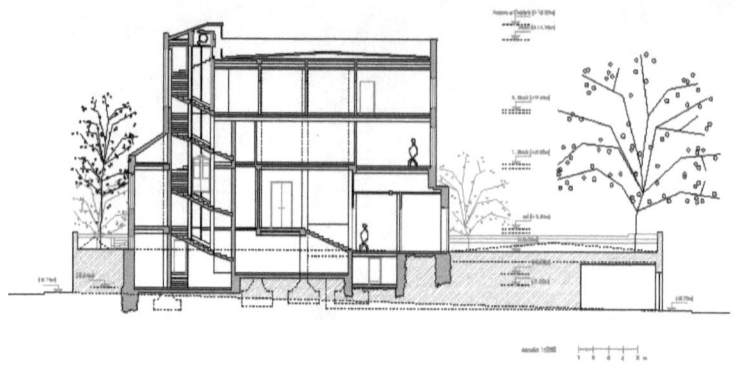

Sección transversal por el jardín y hall, dibujo del autor

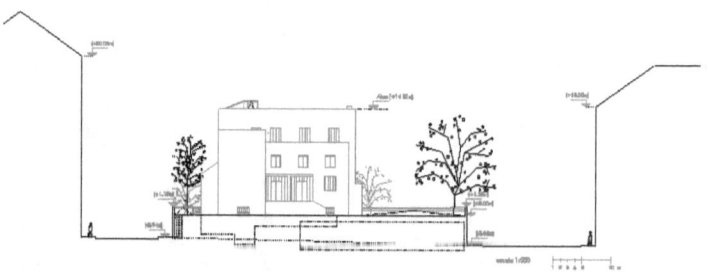

Alzado lateral por el jardín y hall, dibujo del autor

grandes ventanales llegan hasta el suelo en la planta baja, siendo de una altura notablemente menor en la planta primera. La planta segunda, de los niños y su servicio, sí tiene huecos convencionales –por dimensión - que se adecúan a la baja altura del espacio, incorporando aquí un antepecho por seguridad.

En este lectura de las formas y conexiones de las salas en el proyecto se hace evidente la correlación formal y numérica entre los diversos espacios de las diferentes plantas que establecen, con su similitud, cierto carácter de equilibrio y armonía. Las salas, los dormitorios, los espacios de servicio, las terrazas: todo queda asimilado por sus medidas y proporciones similares. El comedor y la sala de música cambian de uno a otro igual que las terrazas sur y norte, o los dormitorios de ambos propietarios. Esta similitud por categorías de uso se establece específicamente de forma numérica entre las dimensiones que soportan la visual del fondo de las salas a modo de telón teatral: la dimensión horizontal entre los pilares –estructurales, que aparecen retundidos en los paramentos a modo de pilastras- en el hall, una vez acabadas superficialmente, es de 280 cm (284 cm sin revestir).

Las puertas metálicas que conectan el hall con la sala de música es la mitad exacta (140 cm) medida exacta de las dos puertaventanas que abren la sala de música a la terraza Norte. En el otro extremo, simétrico al eje principal de la casa en la mediatriz del hall (desplazando el eje de simetría de la masa visual de la planta baja al completo, y recuperándose en plantas superiores) las puerta-ventanas miden 320 cm, cuya altura es 2/3 de 480 cm, la misma proporción que la sala de música (también 2/3). La longitud de la sala de música es de 930 cm, por lo que la puerta al hall (posee un ámbito de 140 cm de ancho, en dos hojas) siguiendo esa misma serie de proporciones, debería tener 310 cm, que, efectivamente, es su medida vertical.

La superposición en vertical de las diferentes plantas de la casa responde no sólo a la relativa falta de espacio en la parcela, sino que este mecanismo de acumulación en vertical posibilita la pretendida escala palaciega dotando de una dimensión vertical reconocible a la pequeña pieza doméstica [10]. La unidad abstracta del volumen exterior no se corresponde con la radical segregación de usos y funciones de plantas, pues la planta primera y segunda se destinan a dormitorios y despachos, mientras que el semisótano es un movimiento inevitable para separar la casa del frío suelo artificial generado mediante el relleno de parte de ese plinto que la separa de la ciudad, a modo de un ciclópeo *bathron* de las fortificaciones clásicas, como hemos visto.

Tal vez los pisos superior e inferior respecto a la verdadera planta protagonista se ubiquen allí para proveer de escala adecuada a unos espacios que por su entidad y necesidad de escala humana no hubieran tenido

Entrada a sala de música desde hall, con puertas abiertas, foto WHAt

Entrada a sala de música desde hall, puertas cerradas foto WHAt

la pretendida repercusión urbana en la acumulación de los mismos. Las plantas funcionan como estratos de disposición dependiente pero uso separado y separativo [11], condición ésta que separa radicalmente la casa de las experiencias de Le Corbusier y la fija en un momento histórico existente, pero ya pasado. Es la condensación de un pacto entre modernidad y tradición, entre la condición interna de su configuración y la exterioridad de su función representativa, pacto de equilibrio que hace una casa fundada en el ajuste estructural entre plantas, y que solamente por estar recogidas en el volumen global exterior quedan asociadas.

Las plantas se separan en función de un imperativo moral y animista de corte platoniana: Hay que presentar físicamente la transición inevitable entre las funciones anímicas y las corporales, pues el entendimiento y la carne caminan paralelos pero separados: el dormir, el procrear, el asear, ha de ir separado y lejano al discurrir, al leer, al conversar. Las funciones orgánicas desaparecen en la liviandad doméstica de las plantas superiores, mientras que la culturización de lo netamente humano queda en la planta principal. Sin embargo las plantas superiores en su ubicación unas sobre otras dan la escala representativa que justifica el uso de la planta baja y su presencia en la ciudad. Este contrasentido sin embargo no lo es tal, pues la complejidad del objeto-casa aparece por la super-

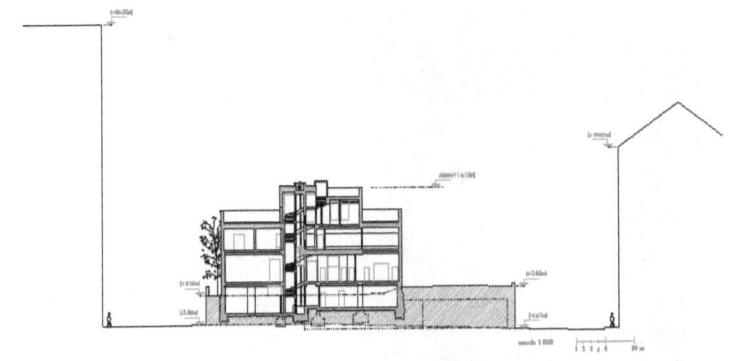

Sección longitudinal del conjunto, con altura decreciendo progresivamente, dibujo del autor

posición de significados sobre sectores aparentemente inconexos de la significación social en las partes de la casa [12].

Es por ello que el resto de plantas, aunque dominadas por la presencia del vacío de la escalera, no dejan de ser una clara y limpia distribución de funciones confinadas dentro de un rotundo cierre que separa toda estancia del exterior. El límite viene del juego volumétrico generado desde el exterior [13], y en estas plantas superiores el proyecto es operado por Wittgenstein [14] al contrario que la planta baja: el volumen general limita las posibilidades de un interior condicionado a su vez por el contorno del resto de plantas. Este cierre homogéneo enuncia lo que será una de las incorporaciones más innovadoras de la transcripción literal de la filosofía de Wittgenstein: hay una separación evidente entre espacios servidos y de servicio, pero estando homogéneamente dispuestos dentro de la heterogeneidad de funciones. Las habitaciones que antes estaban condenadas al fondo ocultado de las actividades, son ahora lugares de paso y de estancia, como los armarios.

El ámbito vertical de la casa en todas sus plantas está conformado en la relación entre planta y altura según un preciso ajuste definido por Wittgenstein para cada ámbito de planta, aún así, la escala global real es

El jardín desde la sala de música a través del hall, perdiendo las proporciones de los planos por la dispersión con la profundidad, foto del autor

supra humana. La escala es lo verdaderamente afectado por Wittgenstein sobre los esbozos de Engelmann al iniciar el proyecto de la casa. Su sensibilísimo manejo por parte del filósofo hace de la casa lo que ha permanecido de ella. Esta escala [15] nos muestra un espacio estáticamente proporcionado en la relación entre las tres dimensiones espaciales, pero en el encuentro entre la escala real de la casa y la necesaria para el uso doméstico, se producen la mayores incoherecias de la casa. La escala es lo verdaderamente afectado por Wittgenstein sobre los esbozos de Engelmann al iniciar el proyecto de la casa. La escala de la casa son las medidas de elementos con referencia al concepto que los genera. *"Se aprieta la ventana y le da intimidad familiar"* decía D. Alejandro de la Sota, sobre el colegio mayor César Carlos de Madrid [16].

Todo ello se evidencia cuando la presencia humana descubre la escala de la casa. Los espacios poseen un carácter similar por material y proporciones; y tanto en posición urbana, recorrido exterior y espacio interior la casa se conforma al modo de una máquina representativa, más allá de

Puerta desde el hall hacia la sala de música, cerrada, foto del autor

su escala, pues está organizada desde sus primeros esbozos de proyecto como un mecanismo de orquestación social: Antes de llegar a la casa, fácil de reconocer en la Kundmann, había que recorrer parte del jardín, en el que se podían observar las dos amplias terrazas desde las que se intuyen el interior, aparentemente cálido y luminoso, con poco mobiliario y en el que las personas hacían percibir la escala de un volumen aparentemente mucho menor, y sin embargo, la monumentalidad inicial se logra mediante la superposición simultánea de elementos conocidos figurativamente con una dimensión mucho mayor que la que tienen en usos domésticos equivalentes -v.gr. los pilares y pilastras son de 40 x 40, menores y por ello más esbeltos de los acostumbrados, y las puerta ventanas ofrecen una sensación de dimensión mucho menor por la ubicación de los mecanismos de accionamiento, como ya se describe- nos descubre una escala que no corresponde en absoluto con la dimensión real.

La casa, al menos no en su conjunto, no *aparenta ser* el resultado de una sucesión sintetizada desde un sistema previo de dimensiones -esto es,

Entrada desde el hall a la sala de música, con figura humana de referencia, foto Otto Kapfinger, 1970

pensado *en digital* [17]-, sino que se soluciona programáticamente según un sentido previo pero localizándose en cada enfoque diferencial que requiere el proyecto de arquitectura -operando *en analógico* [18]-. En esta línea de trabajo, quizá el ejemplo más representativo sean las manivelas, que se colocan en toda la casa a 154,5 cm del suelo, por lo que están ubicados según la figura de la puerta presupuesta y no a una distancia normal de uso. Esto cambia por completo la escala del espacio. De hecho, todas las manivelas quedan por encima del hombro. Sólo la puerta que abre la sala principal de uso –la de música- al hall tiene su manivela a 142,5 cm del suelo. Los vanos no tienen dimensión fija, pues su escala varía

El hall desde la sala, con figura de referencia, foto Moritz Nahr, 1929

según el entorno que los gradúe. De igual forma ocurre con las ventanas del salón hacia el jardín, o las puertaventanas que abren el hall al jardín -o que abren el jardín al interior- tienen una dimensión en una proyección plana muy diferente que si se incorporan sesgadamente a la relación entre el despacho del propietario -junto a la escalera del hall y sobre el guardarropa- con el comedor. La presencia de los escalones presupone una altura que nos hace descubrir la dimensión real de las mismas.

Respecto a cómo Wittgenstein decidía algunas de las proporciones de elementos, Heinrich Postl, un trabajador de la casa durante 50 años, relata cómo Wittgenstein decidió la ubicación exacta de las barras horizontales que protege el interior de las ventanas del salón. *Hizo mantener a dos operarios sosteniendo barra por barra desde un andamio dibujándolas desde el jardín y comprobando las proporciones de los espacios restantes desde el interior, hasta que tras varias horas, marcaron el lugar exacto* [19]. Este mecanismo determina la dimensión real de los elementos, que surge cuando se combina la relación que tamiza esa puertaventana, o esas puertas, con las inmediatamente cercanas y el alzado –interior o exterior- en el que se ubica.

"Inexacto" es realmente un reproche, y "exacto" un elogio. Pero esto quiere decir: lo inexacto no alcanza su meta tan perfectamente como lo exacto. Ahí depende, pues, de lo que llamemos "la meta". ¿Soy inexacto si no doy la distancia al Sol con un metro de precisión, y si no le doy al carpintero la anchura de la mesa al milímetro? [20]

Esta necesidad de precisión en la casa, rigor personal que el propio Wittgenstein llevó hasta la extenuación personal y de otros, desvela una profunda incoherencia entre esta precisión, entendida como milímetros de ajuste, y no como proporcionalidad material con el esfuerzo físico de la arquitectura. En todo caso, el exceso de celo en la obsesiva industrialización de toda la casa acaba resultando un proceso minucioso de ajuste al modo artesanal del que Wittgenstein deseaba rehuir [21].

El filósofo se hace arquitecto y descubre que no puede acogerse a una metodología específica de trabajo racionalmente analítico y lineal, pues el proyecto no se puede reducir a resolver cuantificablemente cantidades, ni limitarse a producir cualidades, ni ordenaciones de la cualidad material, color o forma. El proyecto es biunívoco, pues cualquier decisión pone de manifiesto las posibilidades del condicionante que estimaba esa última decisión como la más adecuada. Puede convertirse en un ciclo eterno de decisiones que provocan la desestabilización de los condicionantes que provocaron esa decisión. El proyecto consiste en crear orden en un campo relacional de valores inconexos y valorar su conflicto para introducir, precisamente, orden en el caos de las decisiones que implica. La relación entre constantes y variables, entre la norma autoimpuesta y el aspecto final -aunque forzado según un presupuesto estético- se establece siguiendo un método abierto. Mediante la configuración de las proporciones, la intuición arquitectónica trata de reconocer un orden evidente e intelectualmente interpretable de sus dimensiones relacionándolas en plantas y alzado, quizá una suerte de sistema de modulación cuyo referente son el resto de elementos. Uno de los factores que determinan la cualidad metalingüística del objeto-casa es que el *palais* queda bifacetado al estar presente a la vez en las partes y el conjunto, pues ambos se interafectan por igual [22].

El hall desde la entrada a la sala de música, con figura humana, foto Moritz Nahr, 1929

Este proceso es el de proyecto, no condicionado por los elementos que la producen. Cada habitación es mucho mayor de lo que la referencia a los elementos incorporados sugiere. Sólo al introducir un objeto que le da escala, algo referente, se descubre la verdadera dimensión de la casa. Con tan sólo colocar la manivela 40 cm más alta de lo deseable en sentido absoluto, altera la dimensión visual de la casa. Tal vez este cuidado de la escala como medida en relación con las cosas a su alrededor es otro factor más que hizo girar la filosofía Wittgensteiniana de lo digital, exacto de su *Tractatus*, a sus *Investigaciones filosóficas*, analógico, puestas ya en relación las partes y el conjunto.

El secreto de dimensionar un sillón o la ventana de

una casa es que la percepción del objeto es cambiante.

Más allá de sí misma, aparece como continuación de esta parte,

Ampliándola, aparenta ser una parte completamente autónoma.

Hazla más fuerte y parecerá que soporta algo más,

hazla más débil y parecerá depender de otra.

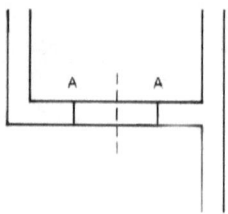

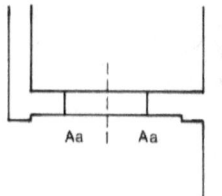

Incoherencia en las proporciones dentro y fuera debido a la sección de muros. Esquema de Wijdeveld

No hay una diferencia gradual (y cuantitativa) en la longitud que realmente importe,
Excepto el aspecto cualitativo de la percepción. [23]

En el *Tractatus* se evidencia un anti-modulor, pese a la modulación espacial y constructiva que se pretende en la casa. Frente al hombre universal, lo universal en cada hombre. Quizá esta concepción ciertamente animista sí pudiera ser la única proposición recurrente entre ambos tiempos de su filosofía:

"Una vez escribí: Una proposición es como un patrón de medida aplicado a la realidad...". Ahora prefiero decir que un sistema de proporciones es como un patrón de medida aplicado a la realidad. Lo que quiero decir con ello es lo siguiente: Si aplico un patrón de medida a un objeto espacial, le aplico todas las líneas graduadas al mismo tiempo" [24]

Esta abstracción, no sólo de elementos sino de relaciones visuales no figurativas, se encuentra forzada más allá de la presencia corpórea de la construcción, y puede entenderse como un movimiento forzado de la línea argumental del proyecto original para dotar de un carácter único y reconocible a la casa, pues es evidente durante los diversos trayectos por esta planta principal. La transposición metafísica de un soporte neutro para la vida social y doméstica del cliente queda sintetizado en una construcción estructurada desde un sistema de pensamiento estructurado y rígido –inicial– hacia la ilusión terrenal de una realidad mental más elevada, en la que sin embargo se penetra gracias a la trascendencia mental de la física corpórea del mundo material; descubierto esto a posteriori a causa de la complejidad del proyecto. Técnicamente, aunque habría sido posible ya la incorporación de elementos materiales ligeros en la época de construcción de la casa, el sesgo histórico de los materiales usados y la proporción de los huecos en la generalidad de la casa soportan un carácter histórico que fija la casa más allá de las novedades del uso o la técnica dentro de la arquitectura.

Y, pese a ello, Wittgenstein se encuentra aquí con uno de los problemas que la crítica ha expuesto como la mayor fuente de incoherencias materiales de la casa: los paramentos no coinciden en sus proporciones interiores y exteriores debido al grosor de los mismos. Habiendo sido imposible por tanto conseguir el ajuste perfecto entre la proporción de los paramentos interiores y exteriores, el argumento de la utilización de la estructura como aditamento superficial que permite la incorporación de elementos falsos es una concesión a la inexorable gravedad que, sin embargo, figura los espacios como presentes en el mundo presencial de la realidad física. No hay forma de escapar a la fuerza de la realidad física, a la estructura.

LA ESTRUCTURA

La estructura portante del *palais* está a caballo entre la tradición y la modernidad constructiva, geométricamente normalizada aunque incorpora elementos novedosos, se realiza con una distribución estructural de pilares centrales y muros perimetrales en fachada, todos ellos de pie y medio de espesor, con vigas de acero remachado y perfilería metálica de acero en la subestructura interior, junto ascensor.

La dimensión real de los elementos estructurales necesarios para el comportamiento mecánico no se percibe, pues su presencia imbuida en paramentos y superficies y los elementos falsos incorporados en su misma jerarquía evidencian un papel presente de la estructura pero misteriosamente desvanecido por un tratamiento espacial pretendidamente unitario. Esta incoherencia entre lo que hay y lo que se percibe pone de relieve uno de los deseos primigenios de Wittgenstein al irrumpir en el proceso de proyecto de Engelmann: la unidad de los ámbitos de planta baja y el ajuste de sus proporciones en planta y en relación a la sección. Para ello, la tabiquería interior, de medio pie, se ubica centrada bajo la directriz de las vigas de descuelgue, lo que unido a la colocación también centrada de la cerrajería de paso entre ámbitos establece una simetría visual a ambos lados de un muro que trata de evitar físicamente mediante su tratamiento de telón de fondo sin grosor, evidencia además potenciada por la modulación del despiece del solado.

En la estructura física de la casa, el cierre de la geometría estructural es total, no hay planos libres como en las primeras obras de vanguardia de un Mies neoplástico que esbozaba direcciones universales dentro de una casa que se abría al infinito [1]. Pues en la época de proyecto y obra de la casa era convención necesaria que los elementos murarios, al estar realizados por piezas mampuestas o de sillar, fueran estables elemento a elemento. Por tanto, los muros habían de estar dispuestos con geometrías de planta autoestables, como la "L", la "C", o la "T". La casa en ese aspecto resulta inexorablemente tradicional: el muro exterior, también cerramiento, recorre todo el perímetro de la casa y cierra como anillos superpuestos no coincidentes las diferentes plantas.

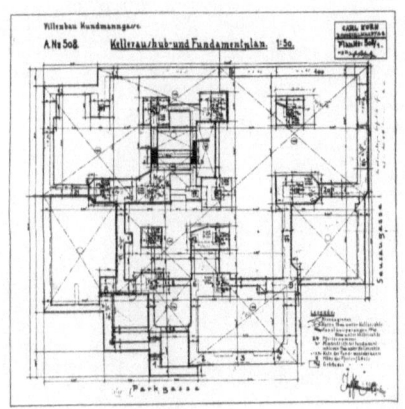

Planta de cimentación,
proyecto original 1928, fuente Rathaus Wien

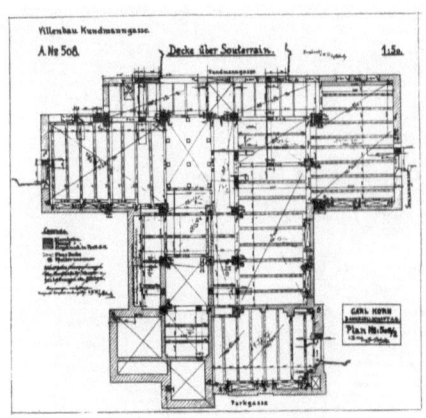

Forjado planta baja, proyecto original 1928,
fuente Rathaus Wien

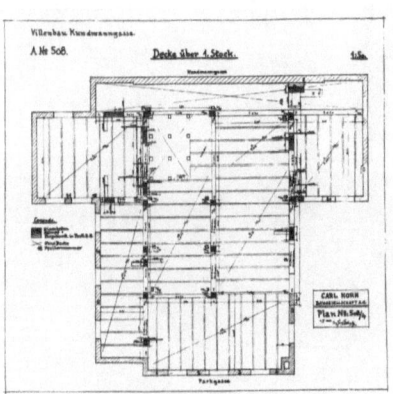

Forjado planta alta, proyecto original 1928,
fuente Rathaus Wien

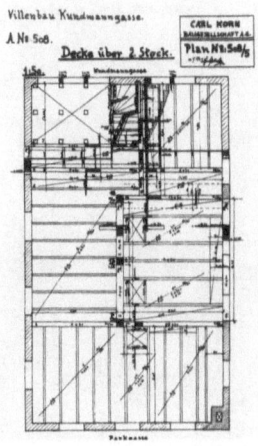

Forjado de cubierta, proyecto
original 1928, fuente Rathaus Wien

La continuidad material y de superficies, con similares tratamientos formales y materiales, continuidad forzada entre el exterior y el interior, muestra el orden inverso con el que se conforma la estructura conceptual de la casa. Así, el orden estructural se convierte en uno de los principales medios de abstracción sistémica en la casa, pues la negación del capitel -o su reducción a un ábaco lineal que opera en la reducción del encuentro entre equino y arquitrabe, aunque bien pudiera ser

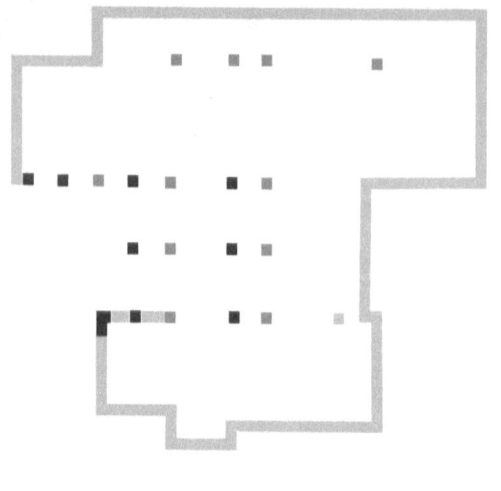

Esquema estructural, del autor

Planta de estructura, con definición de la confusión de técnicas existentes en la planta principal, dibujo del autor

este descuelgue entendido como el descuelgue testimonial de la clave a modo de acodo- y la ausencia de basa -incluso la presencia invertida del imoscapo, que se produce por un mínimo vaciado del arranque del pilar- es el rasgo primero de una estructura física que se muestra de forma parcial en la casa, mediante una sucesión de forzados descuelgues de vigas.

Serie de imágenes de los encuentros de pilares del hall con el solado (arriba) y con las vigas (abajo), fotos Bernard Leitner

Pilares y vigas descolgadas, foto del autor

El acuerdo que supone estos centímetros de descuelgue bien pudiera explicarse en la continuidad necesaria para la geometría del orden estructurado de la finalización de la columna jónica o corintia, en la que una mínima apófisis realizada mediante vaciado del calibre inicial del fuste enlaza éste con la primera moldura del capitel o la basa. La negación en los extremos de la columna clásica produce la ilusión óptica que eleva la estructura al rango de motivo estructural representado más allá de la presencia del objeto que soporta el orden estructural. Esta estructura forzada en sus dimensiones, bien vigas bien grosores murarios regrosados, evita en los espacios la total abstracción que significaría un espacio paralelepipédico puro.

Para que una planta se soportara y soportara cargas era necesario sendas líneas de muro, paralelas y continuas, para poder apoyarse el plano elevado sobre las mismas. No hay anisotropía posible, sino una isotropía lineal con un marcado carácter clasicista. Dentro de los anillos superpuestos de cierre que son los muro-cerramientos sólo se desarrolla una estructura de pilares de hormigón, novedosos, quizá por influencia de Loos y su más actualizado conocimiento constructivo [2]. Esto hace que el espacio y las proporciones exactas no estén fijados por elementos estructurales, sino por lo que queda entre ellos.

La gravedad evidenciada en una estructura abstracta -pero real y física en todos sus elementos, aunque la dimensión de los mismos no se generará estrictamente por el calculo de la sección resistente mínimas- no sólo simboliza una estructura física en un espacio que trata de superar el ser físico, sino que además la dimensión real de los elementos estructurales necesarios para el comportamiento mecánico no se percibe, pues su presencia imbuida en paramentos y superficies y los elementos falsos incorporados en su misma jerarquía evidencian un papel presente de la estructura pero misteriosamente desvanecido por un tratamiento espacial aparentemente clásico. Los mínimos descuelgues de vigas -apenas 7 cm.- de los espacios centrales de planta baja, junto con la disposición y luces de éstas, niegan por su proporción la presencia de una viga descolgada allí donde realmente está, parece mas un motivo de decoración superpuesto, y el plano horizontal del forjado parece flotar sobre la ilusión de la presencia de una viga, permitiendo que la totalidad del plano del forjado *levite* como un único plano sobre los límites verticales de la estructura muraria de la planta baja, llegando hasta los cerramientos exteriores de esa misma planta, donde sin embargo es obligada constructivamente la presencia de una viga que, sin embargo, está -pues el grosor del pie y medio de cerramiento la contiene entre sus paramentos- pero ocultada a interior y exterior.

Esta coherencia entre lo que hay y lo que se percibe [3] pone de relieve uno de los deseos primigenios de Wittgenstein al irrumpir en el proceso de proyecto de Engelmann, la unidad conceptual de los ámbitos de planta baja. Si bien no lo consiguió por evidentes exigencias programáticas, este tratamiento continuado del forjado del techo de la planta baja a

Esquina Suroeste del hall, encuentro del acceso al comedor y acceso a terraza. Estado actual, foto del autor

El hall desde el interior de la entrada. Estado actual, foto del autor

modo de un antiguo epiceno teatral, evidenciado por la negación del capitel -mediante el ábaco lineal que es la viga descolgada- consigue unir estructuralmente las salas allí donde las funciones asociadas lo impiden. La tabiquería interior, de medio pie, se ubica centrada bajo la directriz de las vigas de descuelgue, lo que unido a la colocación también centrada de la cerrajería de paso entre ámbitos establece una simetría visual a ambos lados de un muro que trata de evitar físicamente mediante esta ilusión de tratarlo como un telón de fondo sin grosor.

La sección es sintomática de la falta de prioridad de Wittgenstein para con el material y los elementos constructivos [4]. La sección muestra unos grosores continuos, abstractos, inexactos en su indecisión, abiertos sólo en los delicados paños rasgados en la piel. Al establecer así la relación entre el dentro y el fuera, la medida de la sección nos da la proporción de esta relación. En esa sección la arquitectura deja de ser un interior contrapuesto a un exterior, sino que ya es un ser de dos caras, continuo, que tendrá que acomodarse y metamorfosearse en una membrana presionada por ambos lados; esa *piel* que nos separa del *mundo exterior y temible* de Loos [5] pasa a ser en la casa igual en el interior que

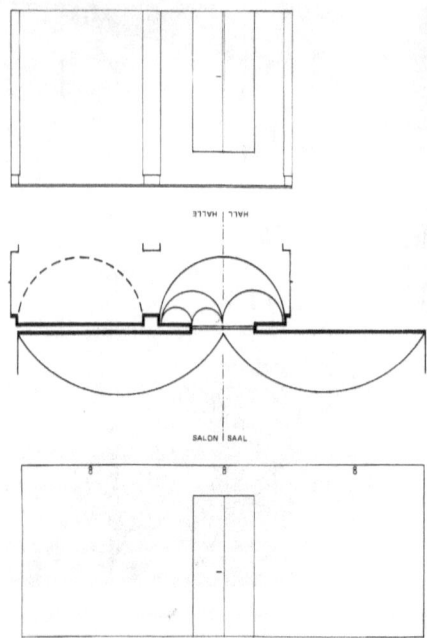

Estudio de proporciones a ambos lados del vano entre el hall (cara superior) y la sala de música (cara inferior)_ según Kapfinger

en el exterior. Es la casa radicalmente desnuda en su interior y exterior, mineral, resistente, tal vez porque Wittgenstein intuía que en aquellas estancias la dureza de las relaciones sociales no sería más suave que en plena calle. Los muros están apretados entre la presión de la sociedad y el empuje de nuestra personalidad, que desean invalidarse mutuamente. Frente a ambas, la creación de los espacios interiores de la casa abiertos al jardín y proyectados como un telón de fondo para representar las relaciones sociales que justificaban el coste del proyecto; y que Wittgenstein en un intento de superar dicha visión totalitarista funde interior y exterior asimilando sus materiales de acabado.

Los límites estructurales de la casa no vienen por tanto determinados por el volumen limitado de los cerramientos y cubierta, sino por la referencia continua entre interior y exterior, que negándose mutuamente en el continuo de la casa se abren reiteradamente el uno al otro, evidenciando y potenciando la fusión entre ambos mediante la ocultación

La única imagen del proceso constructivo, con los muros de ladrillo, de 1928, autor desconocido

Pilares forzados en el ámbito de la escalera

simultánea de ambas realidades cuando se yuxtaponen las mismas; pues la superposición de ambas evidencia la univocidad de cada uno de los ámbitos de cada lado, que se construye de forma similar en la mente por el mantenimiento de las proporciones de los paramentos a cada lado.

Se construye con técnicas tradicionales –la construcción es poco novedosa excepto en algunos elementos- un espacio asociado a unas paredes de grosor desconocido por la colocación de la doble cerrajería y por los acabados similares en interior y exterior, a las que se ha prestado una muy especial atención a la iluminación rasante, y como resultado de estos factores la casa construye –junto con la escala, el material y la relación con el exterior, que ya veremos- una figura metafórica de un espacio genérico y disociado del continente que le ofrece su forma [6], pero el hecho de que la estructura no fue concebida junto con el espacio es evidente casi en cada rincón.

Terraza al Oeste con entrada al comedor y al hall

Este encuentro forzado entre los límites estructurales –ampliados espacialmente- y la intimidad reservada de algunos espacios, hace que el espacio vacío, disponible y usable, de su interior no se corresponda con la forma exterior del edificio pese a la pretendida modelización de los cerramientos y tabiques sin grosor visual en relación a la forma completa del edificio. Esto no implica que existan espacios inservibles, pero algunos no tienen acceso por necesidad de funciones, hay todo un ámbito al Norte de la planta principal que funciona como lo que en la casa romana era el *cavedio*: zonas ocultas al uso público y que condensan lo que no quiere ser mostrado. Es necesario en este nivel por la escala de la planta, muy adaptada a su función representativa. Sin embargo, por la concepción del espacio, separativo del espacio de la habitación que lo contiene, la actividad reformula el espacio y la escala horizontal y vertical, junto con la proporción de cada sala y su conectividad, han hecho de la casa una estructura espacial adaptable pues las salas tienen una dimensión polivalente y, lo que es más adaptable, la actividad humana se pliega ante cualquier posibilidad habitacional [7].

Esta pureza aparente de la inmaterialidad de la casa manifiesta una relación biunívoca -el intento de *pureza* anula el lenguaje clásico, negado por su incorporación velada a esta *pureza* perseguida- con la elipsis del len-

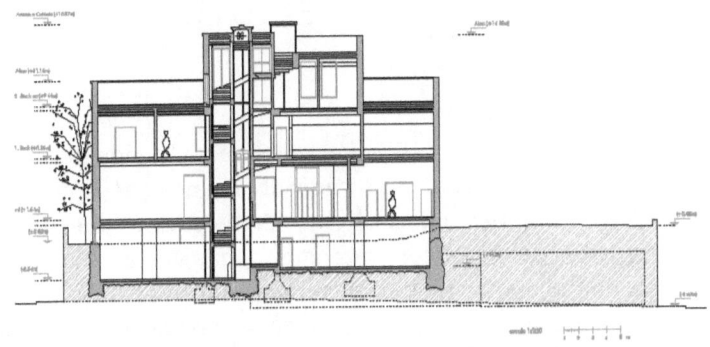

Sección longitudinal por el núcleo de comunicaciones, incluyendo el jardín, estado actual, dibujo del autor

guaje clásico genérico de la arquitectura, pese a que hay columnas centrales –a modo del *impluvium* pompeyano- pero son pilares cuadrangulares que soportan un entablamento sostenido tan sólo por un entablamento reducido al mínimo sólo con su ábaco presente. La casa al completo, y los espacios de planta baja en particular, conforma una paradoja en el soporte físico de unos pilares sobre los que descansan unas vigas sin solución de contacto entre ambos. Así, esta casa es a la par objetual y arquitectónica y como tal puede analizarse, describirse y habitarse [8]. La coexistencia aquí de interpretación realista y estética vanguardista es incontestable; pese a que es una presencia de forma y no de fondo, pues Wittgenstein se apartaba conscientemente de ella. Esta superposición de estas relaciones establecidas por la estructura portante es especialmente interesante en las terrazas laterales, pues la disolución del espesor del muro cerramiento se potencia con el efecto de la sombra de los entrantes bajo el volumen superior, que sin embargo no se percibe desde el interior.

Esta concepción del proyecto como marco rígido de contenido indeterminado define la construcción de la casa como un *exoesqueleto*, pues es la rigidez geométrica y de distancia sobre los sensibles reflejos del jardín en el suelo y el sol en las paredes lo que soporta un soporte material similar en el interior y el exterior, concretizando la casa como un sencillo momento separativo de la vida cultural de la Viena de principios del s.XX, ineludible en su omnipresencia en la ciudad [9] y que configura la relación entre la vida pública interior y exterior.

LA RELACIÓN INTERIOR - EXTERIOR

En la transición entre interior y exterior descubrimos toda una secuencia de conexiones visuales y de acceso que nos hacen establecer una relación inmediata por la conformación de sus cerramientos como una lámina genérica sin grosor pretendido, y que además hace contactar directamente interior y exterior sin mayor mediación que los 40 cm de su espesor material y real. Tan sólo el acceso posee una estancia específica, estancia que no iba a tener dicha presencia en el proyecto final antes del inicio de los trabajos de construcción [1], y que interrumpe la planeidad y proporción de la fachada sureste para adoptar en su interior un escaso foyer para poder adaptar el cuerpo y los ropajes de la inhóspita atmósfera vienesa -gran parte del año- a un interior algo menos inhóspito térmica y lumínicamente. Esta graduación entre interior y exterior genera una estructura interpretativa de los grados de intimidad, que se muestran paulatinos, graduables y concéntricos, es el cociente entre la escala y la función, concierne al tamaño, a la proporción, al acceso y la relación con otros ámbitos cercanos y con el exterior. Cuanto mayor y de mayor importancia o representación social es una estancia, en mayor medida está directamente conectada con el exterior, tanto en términos visuales como de acceso.

La escala triunfal con la que se percibe la casa al acceder a ella se logra mediante una coincidencia visual; el suelo de la planta baja y el suelo del jardín se encuentran separados a una altura equivalente a la línea de visión, desde la entrada la planta principal es un plano fugado inalcanzable en su fin. Existe otro plano virtual que sostiene la operación urbana; y un plano formado por la cota del jardín y la altura del antepecho que limita el jardín y que sostiene la visión de la ciudad. El horizonte próximo de la planta baja queda establecido como un plano conceptual ubicado en paralelo al horizonte próximo que soporta la visión de la ciudad, quedando así percibido el exterior desde el interior de la planta baja como un juego pictórico de realidades elevadas una sobre otra, una inestabilidad de niveles generada por la multiplicidad de los mismos, que hace que perdamos la noción de la altura base [2].

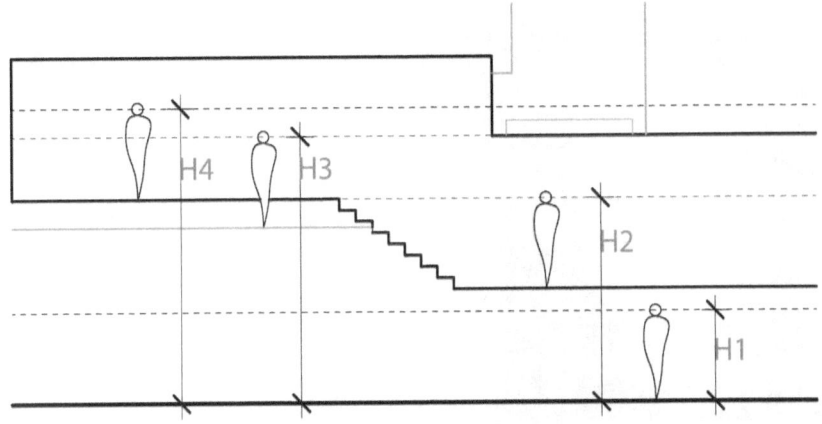
Sección esquemática de los diferentes horizontes visuales de la secuencia de entrada, del autor.

Debido a esta inestabilidad visual y conceptual provocada por la superposición de bases horizontales, las escenas de transición entre interior y exterior quedan fundidas en el lugar geométrico de los horizontes ilimitados que conforman la multiplicidad de bases entre la planta baja y el *jardín-plataforma* urbana. Este horizonte ilimitado ha elevado el *piano nobile* vividero del contacto con el suelo. La simetría en la visión en el interior es inalcanzable en la planta baja –pues la altura libre es de 3,80 m, lejos de los 3,20 miesianos- esa simetría, evidente geométricamente en los alzados de los paramentos, es percibida como una línea conceptual pero real, y supone un horizonte alzado sobre el habitante que junto con los horizontes inferiores de planta y jardín atrapan al ocupante en una realidad horizontal de la que sólo se puede escapar mediante la visión del jardín inmediato [3].

Este horizonte hiperestable y multigeométrico, ubicado sobre el habitante que recorre el acceso y la planta principal, no nos deja ascender, así como el horizonte inestable de los planos base, no nos permite descender. El habitante está atrapado en unos espacios que son a la vez geomé-

Nivel de la planta principal desde la cota de entrada, foto del autor

tricos-conceptuales y experimentales- y visuales, y en ellos se enriquece la percepción de una realidad interior abierta a un exterior percibido mediante elementos figurativos [4] pero reconocibles sólo en fragmentos.

En este interior visitable todo se ha abierto al exterior mediante grandes huecos verticales. La gran ventana vertical, de corte histórica, elimina la visión global del jardín, sólo ofrece fragmentos de elementos figurales, pues más que ofrecer un fondo de vista clásico de perspectiva ajardinada que penetra por la ventana, abre la realidad de la casa al jardín próximo y la ciudad inmediata, mediante una continuidad de solados que llegan hasta ese horizonte inestable de base, transversal a la línea vertical –heredada del proyecto de Engelmann, así modelada por razón histórica- de la mirada doméstica interior.

Esto provoca la inestabilidad en la mirada, que intentando relacionar ámbitos interior y exterior, se yuxtaponen ambas posiciones por la referencia a varios horizontes visuales y conceptuales, inalcanzables como el origen de un arco iris. Se aleja el horizonte que pone todo en común para expulsar el miedo de lo que no se puede palpar, pesada carga de la

Los accesos desde la terraza So, desde la cota de la entrada, foto del autor

filosofía, simplificando la complejidad de lo real mediante una reducción formal de lo aglutinado por la mirada.

Esta presencia duplicada en cada noción de la realidad se presenta con sorpresa en la relación con el exterior: pese a su rigidez y congelación formal, el sustrato sensible del cambio de la luz a lo largo del día presenta simultáneamente un espacio topológico flexible, fluctuante como la luz, en el que vive el hombre común. Sin embargo este espacio se encuentra simultáneamente definido como un espacio geométrico, excesivo en la medida, en una proporción que contiene al hombre universal contenido en el común. La teología paulina funda el sentido Wittgensteiniano de la percepción dupla de cada hombre [5]; percepción que se acrecentaría con la posterior crisis de traición a su pensamiento anterior, otro motivo para la evolución posterior de la filosofía de Wittgenstein [6].

En el interior, las áreas de circulación y de servicio son separadas de las vivideras con una doble carpintería muy similar a la de contacto exterior, como si fuera un interior exteriorizado [7]. Esta exterioridad contenida

Desde el despacho hacia el comedor, estado actual, foto del autor

Desde el comedor hacia el despacho, vista opuesta a la anterior, estado actual, foto del autor

en el interior, viene forzada por la presencia del personal de servicio. El cerramiento y su cerrajería imbuida se relacionan con el límite del jardín con la misma condición, unívoca, de la parcela con su basa urbana, ese plinto superlativo que marca su relación con la ciudad, su separación e inserción de forma complementaria. No se exalta esa relación en su evitación, sino que se mantiene como inevitable.

Todo el espacio se desdobla en los reflejos del solado de hormigón, reflejos no especulares sino sombráceos, que conforman un doble repetido e inferior del que no percibimos más que una forma incompleta. El esfuerzo de conformar superficies neutras acaba provocando una serie de reflejos producidos por la superposición de cerrajerías exteriores, sólo rotos por la ubicación de maineles verticales que sujetan las bandas de vidrio, y confieren una referencia histórica por la composición en franjas y un plegado de la cerrajería en la zona inferior por motivos de limpieza y mantenimiento. Sin embargo, no hay rodapié.

Reflejos en el solado original, entrada principal, estado actual, foto del autor

Cerrajería entre hall y terraza Suroeste, reflejos y superposición de imágenes, estado actual, foto del autor

Los múltiples caracteres de la casa no se encuentran en los sistemas -que se resuelven de forma separada y que en conjunto fuerzan la complejidad de la experiencia de la misma-, sino en la significancia de los mismos como superposición de acción física y condensación abstracta de lo mental. La realización concreta de una casa que se encuentra más allá de sí misma se sitúa en una esfera relacional en la que el objeto singular deja de carecer de la referencia externa a una belleza artificial y cultural para mostrar así la unidad conceptual y física de las relaciones humanas y materiales de una época concreta, una complejidad de relación entre las esferas de la casa que conforman el modo material, *estilo*, de la misma

El reflejo del exterior y de la habitación en el hormigón pulido, el reflejo intuido de cada objeto y cada acción, forman entre sí un circuito de acciones cerrado, que como un eco, exalta su identidad por medio de una aliteración simultánea. La penumbra y la sombra lograda con las grandes ventanas y el suelo que refleja logran enriquecer el espacio con una multitud de matices, reflejos y colores de la luz exterior que inunda la casa, iniciando una fenomenología atmosférica de la que la casa es *caja de resonancia*. Al igual que Schinkel, Wittgenstein trata el muro como un velo que necesariamente había que abrir. El muro siempre es puesto en relación con el horizonte en sus aperturas focalizadas, haciendo surgir de la naturaleza material de los elementos la naturaleza superior de la óptica.

Sin embargo y pese al cierre de las relaciones visuales que quedan atrapadas por los reflejos del interior, en la casa no hay grandes espejos, bien porque alteran la percepción [8] del espacio y porque reflejan la realidad de una forma absoluta, no secuencial. Como si de un *espacio vampiro* se tratare, el espacio ya no siente la tentación de vivir en el circuito cerrado de su reflejo. Ya no se alimenta de sí mismo, pues el espacio no sufre de un estrabismo convergente que sufre de sobreconciencia burguesa, que reflejaba el orden interior autoimpuesto mediante el espejo y espejos reflejados en los otros [9].

El objeto del reflejo especular es el desarrollo histórico de una conciencia absolutamente individual que no puede tener cabida en una casa que trata de tornarse en universal, más allá del habitante. De forma similar y con similar rasgo vampírico surge en la casa la ausencia del retrato [10] pues la referencia familiar es una convergencia mental del mismo nivel que la surgida del espacio lo es a nivel representativo, por lo que la intensidad con la que podría presentarse en el espacio les hacen ser reo de desaparición [11]. Supondría un contrasentido en esta casa que la propietaria se hubiese dado a la obsesión tradicional del ama de casa: que todo esté limpio y que todo esté en su sitio, pues nada tiene su sitio en esta casa.

Quizá la relación entre el interior, tanto público como privado, con el exterior sea la mayor dificultad para transponer a la arquitectura un lenguaje lógico, sin referencias históricas, generada espacial y programáticamente desde sí misma, desde su propio interior. En la Viena moderna, incluso el edificio de J. M. Olbrich, el *"Ver Sacrum"* [12] exponente edificado de la *Sezession*, viene generado desde la naturaleza, algo orgánico y exterior. Wittgenstein sin embargo recoge el testigo del

Salón hacia el hall y la terraza suroeste, con acceso cerrado al hall, foto del autor

Salón hacia el hall y la terraza suroeste, con acceso abierto al hall, foto del autor

proyecto de Engelmann e inaugura un proyecto ensimismado en el que los rasgos históricos se enfrentan con un rigor digital -con origen en una regla lógica que no admite el error y que definía en su *Tractatus*- e intenta plasmar la casa como una estructura homogénea que admita en su interior unas relaciones humanas que no pueden competir con la presencia de un espacio radical y sus condicionantes.

TRANSICIONES

Para la regulación de estas relaciones que desbordan el carácter autoreferencial de la casa, se debe establecer un sistema coherente de transiciones entre los ámbitos para poder controlar esta relación [1].

Existe toda una coreografía de transiciones, en la que hay que abrir un pesado elemento a modo de pared movible y cerrarla tras de sí, es tan significante en la casa por los materiales que componen los espacios: aunque están bien delimitados y extremadamente definidos sus límites, la percepción de los diferentes materiales, colores, superficies y espacios se desplazan, se superponen, se yuxtaponen, se delimitan. Todo está ocasionado por la acción del recorrer la casa y los filtros visuales entre los espacios, delimitación filtrada por puertas metálicas o de vidrio, o las puertaventanas entre interior y exterior, que hacen que se perciba siempre el espacio que abandonas y el espacio al que te diriges, y esta percepción quede fijada durante los segundos que la acción manual sobre los elementos de separación acontece. Existe en esta planta principal una combinatoria de elementos única: la transición entre la sala de música y el salón privado de Margaret Stonborough-Wittgenstein; pues responde a la necesidad acústica de poder aislar ambos espacios, o bien aislarlos acústicamente pero no visualmente. Cuando ambas puertas están cerradas, los espacios permanecen separados, radicalmente desconectados. Si la puerta de metal está abierta y la de vidrio cerrada, el salón está integrado en una zona púbica de la casa pero acústicamente se encuentra parcialmente separado. Si ambas están abiertas, el espacio del salón se abre a la sala como un exterior; pues las otras dos puertaventanas del espacio de la sala se abren a la terraza norte. En este caso, la puerta metálica estaba demasiado cerca de la otra para poder ubicar dos manivelas idénticas. Todas estas combinaciones implican una variabilidad en la relación que gradúa la privacidad de las áreas públicas y privadas de la casa:

MODO #1 DOBLE PUERTAVENTANA DE VIDRIO (apertura sentido idéntico): entre interior y exterior. Esto refuerza la unidad panteísta entre interior y exterior (pues el interior es una parte del exterior atrapado,

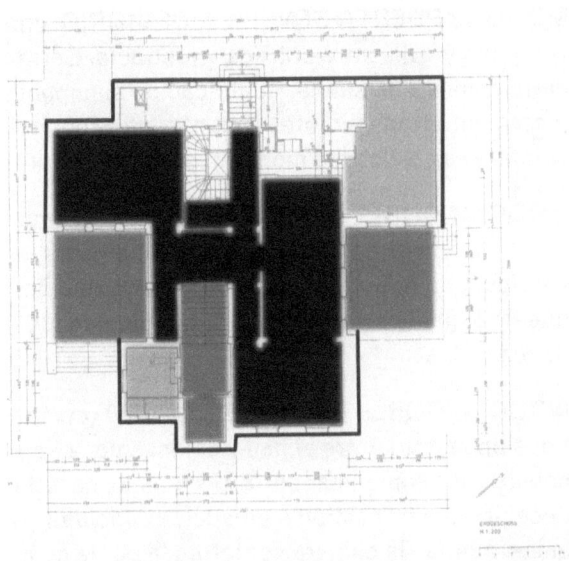

Planta de límites y densidades, se corresponde con la intensidad de relaciones, negro, mayor, claro, menor, montaje del autor

pero que fluye) y que acentúa la unión de ambos ámbitos especialmente cuando se cierran, pues el grosor visual de cerrajerías parecen filtrar la luz tenue de Viena y evidenciar la presencia real de los rayos lumínicos. La transición en sí se condensa materialmente en un espacio intermedio entre ambas cerrajerías.

MODO #2 PUERTA METÁLICA OPACA: entre hall y sala de música. Siendo una de las pocas transiciones unitarias, es una enorme lámina doble completamente opaca y que por exigencias de masa acústica no tiene posiciones intermedias entre abierto y cerrado, comunicando directamente los ámbitos de hall y sala de música, junto con el comedor los principales espacios de socialización. Por su superficie neutral, es una de las que más contribuye a eliminar la noción de escala del espacio del hall, pues sólo la manivela resalta en una superficie que conforma el eje de simetría entre sala de música y hall. Estas mismas son las del resto de plantas.

MODO #3 PUERTA SENCILLA DE VIDRIO: entre hall y despacho, entre vestíbulo y hall, entre entrada y vestíbulo. Cerrajerías sencillas ubicadas entre ámbitos de similar cualificación semipública. Con vidrios completamente transparentes y mecanismos ocultos en secciones que son similares en todos los montantes que la conforman.

MODO #4 DOBLE PUERTA DE VIDRIO (compuerta con apertura sentidos opuestos) entre el hall y el comedor, entre el hall y la zona de servicio una hoja transparente, otra traslúcida; separa las zonas en las que trabaja el personal de servicio eliminando la visión pero no el paso de luz.

MODO #5 DOBLE PUERTA DE VIDRIO (compuerta con apertura sentidos opuestos) entre el hall y salón; ambas hojas transparentes, concebida para comunicar entre sí zonas de carácter público, en las que se necesita una transición mediada y privacidad para la acústica de dichas salas, aunque la cámara conformada por la compuerta acaba funcionando como auténtica cámara de resonancia acústica.

MODO #6 DOBLE PUERTA METÁLICA OPACA (eliminada en la rehabilitación, compuerta con doble puerta con apertura en sentidos opuestos) entre sala de música y salón, concebida como una compuerta acústica de mucha masa para evitar la contaminación entre ámbitos de música y de lectura.

MODO #7 DOBLE PUERTA, UNA DE VIDRIO OTRA DE ACERO OPACA, apertura sentidos opuestos: Sólo entre la sala y el salón privado de la propietaria; necesitada para dos modos de funcionamiento: sólo la de vidrio cuando se encuentra sola en la casa, o ambas cuando quiere la máxima privacidad. No permanecía abierta puesto que no era la entrada original al salón privado de la propietaria (hoy eliminado).

La puerta de metal tenía una manivela de diseño circular, en ojal, que permitía el encuentro de los sistemas de apertura y cierre de ambas caras de la puerta. Fue perdido este original, y se ubicó en 1976 una manivela similar [2] colocada en vertical, que resulta llamativamente inconexa con la cara opuesta de la puerta de acero opaca [3].

Caso específico de las mismas y generalizado en la planta principal son las dobles puertaventanas que hacen físico el estado relaciona entre

| Doble puertaventana de vidrio | Puerta metálica opaca, foto del autor | Puerta vidrio en paño, foto del autor |

| Doble puerta de vidrio, foto del autor | Doble puerta de vidrio, foto del autor | Doble puerta, acero y vidrio, foto del autor |

los ámbito interior y exterior quedan fijadas en ambos estados posibles absolutos: bien cerrado -fijado por su correspondiente cierre de apuntalamiento por una toledana [4]- o bien abierto, mantenidos así ambos conjuntos por una invención específica de éste para cubrir dicha necesidad: una pequeña mordedora metálica, que evita el uso de ganchos, cerrojos u otras manipulaciones que necesiten de reclinarse para su

 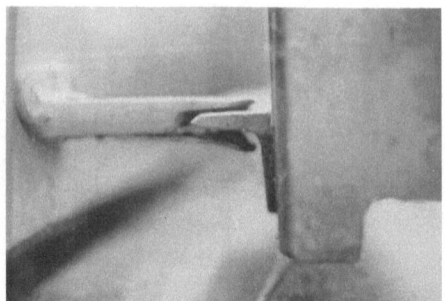

Vista general y mordiente de fijación entre hojas de las puertaventanas de planta baja,
foto Otto Kapfinger

Mordiente, detalle

manejo. Esta pequeña mordedora son dos pequeñas piezas metálicas, fijadas mediante tornillos a ambas puertaventanas interiores, una pieza superior que se fija al cuerpo de la puertaventana, otra, que se toma a la primera dejando entre ambas un espacio de 4 milímetros formado en su separación por un bulón, también metálico. Este pequeño dispositivo literalmente *muerde* un perfil conformado de acero, una "L" de 3 x 3 cm, fijado a la cara interior de las puertaventanas exteriores.

Cuando se aproximan ambas puertaventanas una vez abiertas, la hoja interior aprisiona a la hoja exterior, quedando acopladas como un conjunto solidario y evitando la necesidad de fijar una y otra hoja. Este sistema se usa solamente para las puertaventanas dobles que regulan el paso del interior al exterior, pues es necesario el abatimiento de ambas hojas en el mismo sentido para poder realizar dicho acople funcional.
La dimensión lineal del angular que posee la puertaventana ubicada a haces exteriores posibilita el acoplamiento de ambas láminas en múltiples posiciones, lo que regula la relación entre interior y exterior según la ubicación incremental de estas cuatro láminas.

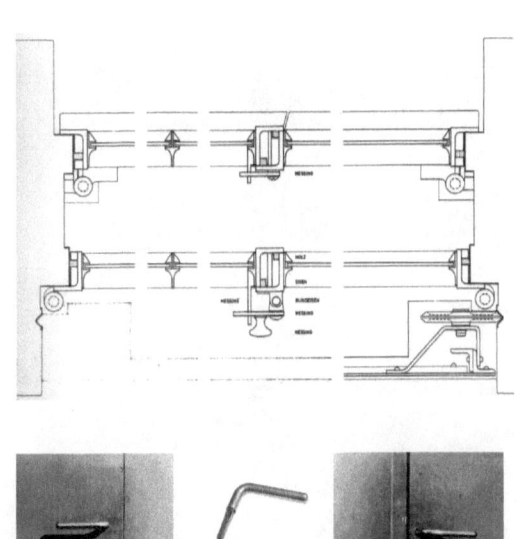

Sección en planta de las cerrajerías, con cierre en toledana, de puertaventanas, de Paul Wijdeveld

Detalles de manivelas, contracierre, llave y ojal original de la puerta entre sala de música y salón privado, hoy sustituido por manivela.

Estas cerrajerías contienen unas láminas de vidrio al plomo específicamente realizados para este proyecto por los talleres de la Wiener Werkstätte [5], con una dimensión muy limitada [6] pero con una transparencia extraordinaria. Lógicamente, pese al intento de Wittgenstein de abrir la casa al exterior, la cámara con doble cerrajería hace de cámara opaca que, excepto cuando hay una evidente diferencia de luz, no hace sino reflejar ambas realidades a ambos lados, como un doble espejo [7]. Estos reflejos, sin embargo en absoluto pretendidos [8], superponen la frontalidad absoluta de la imagen del *yo* y la mirada hacia el mundo, pero sin perderlo de vista, lo superpone hasta dejar ambas imágenes presentes pero sin llegar a desaparecer, superpuestas pero conservando su cualidad espe-

Reflejos en las ventanas de planta primera con la persiana exterior cerrada, foto Otto Kapfinger, 1973

cífica. El montante vertical en las ventanas con una muy evidente proporción vertical es técnicamente necesario, pero reduce la transparencia de unas puertas que solamente podían ser transparentes u opacas. No hay grados intermedios de la cualidad del mismo material, al igual que para él no hay estados intermedios de la materia si no se encuentra en pleno proceso de transformación.

El proyecto va más allá de representar relaciones absolutas entre las diferentes estancias, que tampoco conocemos cómo penetran en el exterior -y viceversa-. La materialidad es una fase posterior a decidir en el proceso material. Sin embargo, la materialidad queda afectada por la naturaleza atmosférica de las vivencias no estrictamente secuenciales del *palais*; y al incorporar la materia del interfaz entre la casa y el habitante se traicionan algunos de los rígidos principios del proyecto con el descubrimiento de la afectación mutua que aparece entre los diferentes materiales cuando todos se inscriben dentro de las fuerzas físicas e interpretativas que determinan la atmósfera del habitar en la casa. Esta deformación interpretativa del material cuando se pone en común con todos los demás un tránsito entre espacios [9], construyendo una casa demediada que surge de la yuxtaposición de la casa imaginada y la casa

La cabaña de Todtnauberg en pleno invierno, con la cubierta continuando la caída de la ladera, foto 1954

descubierta, pues los reflejos de la sumatoria de vidrios en los practicables al jardín muestran pequeños retazos de nuestra imagen superpuesta a la naturaleza, filtro entre nosotros y el mundo.

Este filtro entre el interior y el exterior será radicalmente diferente en Heidegger. Esta forzada abstracción es totalmente opuesta en la interpretación de los elementos de la cabaña de Todtnauberg, que interpreta los elementos según el enlace que los mismos hacen entre las fuerzas de la naturaleza y el uso en el habitar doméstico, relación que funda un habitar trascendente no sólo en el uso del espacio, sino en la transición más allá del mismo:

"Le ha dejado el tejado de tejas de gran alero, que con la condición adecuada, sostiene el peso de la nieve, y llegando hasta muy abajo, protege las habitaciones contra las tormentas de las largas noches de invierno. No ha olvidado el rincón para la imagen de nuestro Señor, detrás de la mesa comunitaria..." [10]

Para Wittgenstein el interior había de ser un telón de fondo sin grosor, y su negación implica recurrentes fuerzo. La gravedad se nos descubre como un campo de orden de la materia en el espacio, tanto en el plano horizontal del forjado como en el inevitable de separación vertical, gravedad que sin embargo es vencida por estos sutiles mecanismos aunque sin llegar a desaparecer, y esta ilusión sobre su apariencia funda gran parte de las decisiones de un proceso de proyecto realizado en negativo, que crea la realidad de esta arquitectura que desborda, una y otra vez, las estrategias de control para convertirse en un mero enunciado construido físicamente.

ENCUENTROS Y DETALLES

Este desbordamiento del pensamiento al enfrentarse al proyecto de arquitectura se evidencia especialmente en multitud de accidentes aparentemente nimios que precisan de una experiencia atenta de los mismos. Posiciones y escala de puertas, vistas axiales y sus evoluciones mediante el movimiento, dimensiones asociadas a funciones con varios posibles usos... el vocabulario propio de este reduccionismo formal por el que se cubren los detalles de la conformación material será ejecutado años más tarde por el arte abstracto y posteriormente por el minimalismo. El detalle, que permanece bajo la homogeneización visual, queda sin embargo a la vista en la casa desde la creación de un lenguaje propio de utilería doméstica [1] El detalle no se reserva para el encuentro de sistemas, sino para el contorno de los mismos. En su concepción globalizadora, corpórea y animista a la par, el detalle y la conformación general del *palais* están, pese a la escala, definidos al unísono.

La casa, en su conjunto final, no ampara el detalle. La arquitectura que plasma no una idea, sino un sistema de ideas [2], es mucho más difícil de llevar a la realidad. Esa transducción del ideal a lo material conlleva un proceso previo de limpieza y síntesis de los enunciados fundamentales de ideas básicas, casi pronunciamientos de intenciones. Dicho proceso es la base de todo pensamiento proyectivo, pues sin sistema de enunciado de ideas no hay transducción material, sino generación espontánea de un organismo -rigidizado y conducido- por las condiciones de contorno dentro de las cuales florece. El enunciado de una idea ofrece una atmósfera propia para su maduración y crecimiento ordenado. Sin discurso previo, esta explicitación no es más que una sumatoria de ideas exteriores al discurso arquitectónico, extemporáneas, sin posibilidad de crecimiento dentro de un proceso generativo ordenado.

Los diferentes códigos técnicos se encuentran entre sí mediante soluciones de acuerdo [3]. Las técnicas presenten se yuxtaponen, sin afectarse mutuamente. Los muros y las cerrajerías sólo se juntan, los revestimientos y solados son parte inseparable del soporte estructural y murario. Wittgenstein toma un papel de arquitecto visionario, que al

Escaleras, desembarco en planta segunda y subida a cubierta, foto WHAt

Cabezada de la escalera junto al ascensor, foto del autor

modo del déspota cultural reflejado en el *pobre hombre rico* de Loos le importa poco ampliar una técnica industrial conocida a expensas del cliente confiado y potentado [4]. Wittgenstein actúa de un modo selectivo opuesto al de Mies van der Rohe en la supercualificación de su primer proyecto para el *Seagram*: Mies elige entre las técnicas disponibles, en un, jugando con las leyes de lo disponible en un lugar y en un tiempo, mientras que Wittgenstein no elige en sistemas disponibles, sino que de forma artesanal, los realiza explícitamente.

La síntesis de dos sistemas, geometría proyectada en plano y construcción material en un lugar concreto, complementarios únicamente en una presencia interpretativa, exige la retroalimentación entre ambos para su concreción mutua. Cualquier decisión en proyecto forzará cambios en la construcción, pero también la obra alterará el proyecto.

El orden previo, autoimpuesto, en el que se ha de formalizar la obra final de arquitectura construida, impone la figuración global y en detalle arquitectónico, y ambos definen la sumatoria de sistemas que conforman el *palais*, si bien el detalle es depositario del encuentro de estos sistemas, y aunque se minusvalora en sí mismo y en su significado [5] el detalle será el encuentro del sistema arquitectónico-físico con el sistema significante-arquitectónico, que conlleva la eliminación de la focalización en el detalle material, pues no es figura de su significante-objeto.

Este proceso abierto hace trabajar al arquitecto en un mar de capacidades heterogéneas, sin limitaciones establecidas sobre elementos existentes, y provoca la aparición de una figura técnica alejada del científico [6]. Cada proyecto queda inaugurado en la búsqueda de un equilibrio entre la globalidad de lo posible y lo real de lo concreto, sin embargo, el proyecto de la casa está siempre decidido de antemano al iniciarse como representación de un corpus exterior a la disciplina, y es en el ajuste perfecto de la propia casa para con su predefinición, lo que determina el proceso de decisiones que es el proyecto y su conversión hasta alcanzar la categoría de ente físico.

Esta casa no se detalla, no sólo por la falta de pericia técnica de los autores [7] sino sobre todo porque la figura final no presupone forma constructiva. Sin embargo es significativa la creación de los elementos de la obra -sin detalle gráfico previo- por el radical posicionamiento de Wittgenstein respecto al uso histórico de trazas y elementos: excepto por la planta [8] el resto de la casa parte de cero, y con ello los elementos. Una partida en vacío y radical, que fuerza a replantear desde el uso de materiales y sus cualidades domésticas hasta el diseño específico de elementos y mecanismos. No hay detalles excepto en las cerrajerías y carpinterías interiores, también en metal.

Este diseño específico exige un acuerdo explícito, una entidad *ad hoc* entre ambas, un detalle. Estos detalles no sólo resuelven encuentros, sino que conforman un interfaz que logran con cierta comodidad el uso como vivienda de representación. La principal interfaz son las manivelas, ubicadas por doquier, aunque en las cerrajerías de mayor dimensión, las puertaventanas, la problemática es la característica de las grandes hojas de cerrajería: el cierre al exterior necesita una presión uniforme en toda la longitud entre ambas hojas para evitar discontinuidades que permitan la salida de calor al exterior [9]. Se recurre para ello, en la doble puertaventana del interior, a un cierre a la toledana que se acciona con

Vierteaguas de las cerrajerñias exteriores y del alféizar, estado actual, foto del autor

Escaleras de salida d ela terraza noreste, estado actual, foto del autor

Doble puertaventana vidriada transparente, foto del autor

Detalle de la entrada, con el cavetto de encuentro entre cerramientos y solado, estado actual, foto del autor

una manivela recurvada hacia abajo, y que no sobresale del perfil de la cerrajería. Las cerrajerías, interiores y exteriores [10], poseen un único asidero circular, pues el accionamiento es característicamente suave. La interfaz de contacto humano establece las únicas curvaturas: el pasamanos hacia el sótano y las manivelas [11] que, al ser reservadas para el contacto con la mano, no son angulosas.

LA MANIPULACIÓN, LA INTERFAZ

Este mobiliario en el espacio vacío provee la creación de realidades espaciales de interfaz para el usuario, que se relacionan con el soporte espacial, destacando sobre otras técnicas de producción a diferente escala para aportar valor cierto a proyectos que adolecen de él. Es por ello, a veces el objeto/mueble posee mayor impronta que el objeto/inmueble para la experiencia que de lo doméstico puede desprenderse y llega a contaminar la complejidad de la acción de proyectar una casa, sistematizada por la ocupación mobiliaria [1] que configura la activación que experimenta el espacio mediante la ocupación [2]. La casa puede experimentarse mediante múltiples modos de uso, permaneciendo.

En el ámbito de la planta principal y debido a esas condiciones de la exterioridad que tratan de *inundar* sus interiores, el concepto del cierre virtual al exterior es necesario que pase a ser un condicionante real sin alterar la liviandad tecnificada de las puertaventanas. Esta necesidad nos ofrece uno de los mecanismos físicos forzados físicamente por una sensación conceptual [3]: las cortinas metálicas enterizas. En las dobles láminas de puertaventanas que separan interior y exterior en el comedor, la sala, el salón y el salón privado, se ubican en el ámbito interior y por delante de la cerrajería, una placa de acero esmaltado en similar color al de las cerrajerías, de 140 cm de ancho, 0,8 cm de espesor y 500 cm de alto. Sobre esta pesadísima lámina se ubica una coronación de acero de poco espesor, rebajada en su perfil para que pueda desplazarse sin dañar las manivelas de las puertaventanas del salón y del comedor [4].

El problema es poder desplegarlas del suelo hasta poderlas manipular, puesto que una vez desplegadas mínimamente respecto la rasante del suelo se podían manejar con un mínimo esfuerzo [5]. Originalmente no poseen guía vertical, siendo mantenidas en la posición elegida, solamente por el empotramiento ofrecido por las guías de suelo -que atraviesan el forjado hasta el sótano, por otra parte- y las guías y el contrapeso en el sótano. Una vez recogidas, su apariencia pasa más por una junta metálica dispuesta en el pavimento continuo que como tal. Estas cortinas metálicas, concebidas para evitar los reflejos interiores y el exceso de

Subida de la cortina metálica en la puertaventana, con el ajuste lateral original, estado actual, foto del autor

Detalle de las cortinas metálicas de las puertaventanas de planta baja, estado actual, foto del autor

luz -incrementando la seguridad, por añadidura- pero, sobre todo, para evitar la incorporación de paños textiles a modo de cortina tradicional, que como añadidos, no se concebían en la mente de Wittgenstein. Estas cortinas forman parte de la cerrajería, eran parte indivisible con ella, no eran consideradas un añadido a ese sistema de cierre que transita entre el espacio interior y el mundo exterior.

Existe una mínima relación con otros sistemas de interfaz humana en la casa: para iniciar el ascenso de la lámina desde su posición enrasada con el pavimento, Wittgenstein desarrolló un sistema de tirador. Este tirador era una sencilla hendidura de 12 mm, de sección circular, realizada en la placa justo bajo el nivel del pavimento. En esa hendidura, troquel de sección cilíndrica, se atornillaba una manivela de 20 mm x 7mm, que se escamoteaba en un rebaje específico de la rejilla metálica del sistema de calefacción por aire caliente. Dicha rejilla, de 141,5 cm de ámbito [6] con un ancho de 15,7 cm; posee en el vano central de su despiece un sencillo rebaje, que elimina el cerco principal de la rejilla y permite la ocultación del tirador.

Detalle rejilla con la hendidura para el resorte de tracción de la contracortina metálica, estado actual, foto del autor

El paso de unos ámbitos a otros, sean entre interiores o entre interiores y exterior están delimitados por compuertas formadas por dobles puertas, -con mínimas excepciones [7] compuestas de dos hojas de cerrajería de acero, de exactamente las medidas de la puerta, cuyo paralelismo permite la visión directa del espesor de las mismas en su canto. El peso es, a todas luces, excesivo para unas bisagras. El concepto de puerta enteriza, casi una pared móvil -aunque deliberadamente se pintara tan diferenciada- requiere un diseño específico de bisagra. Wittgenstein concibe un bulón trasero, compuesto por dos casquillos unidos por simple presión, sin rodamiento intermedio. Sendas perforaciones permite un correcto engrase del mecanismo.

Cada hoja de puerta, ventana y puertaventana posee tres bisagras, homogéneamente distribuidas según su dimensión [8], por lo que las cerrajerías giran con un mínimo esfuerzo y su mantenimiento no puede ser más simple. Esta solución facilita el compromiso inicial del segundo problema que surge por la masa de la puerta: se mueve sin esfuerzo, pero ponerla en movimiento no es fácil. Para ello, el diseño específico de manivelas ha resultado trascenderse como una de las cualidades de la casa. Wittgenstein concibe dos tipos de manivelas: una manivela que resulta de un perfil tubular de 20 cm curvado —mediante extrusión específica, no recurvado a posteriori, lo que garantiza la sección constante del tubo- y acabado en una casi semiesfera [9]. Estas manivelas, reservada a la faz de las puertas desde los espacios principales, están definidas para ser empujadas. En

Manivela original, estado actual, foto del autora

Mecanismos de cierre de cerrajerías interiores, con manivela y llave y mecanismos escamoteables de sujeción de la hoja opuesta.

Toledana, cierre de presión y torniquete inferior, en 1963, foto WHAt

la otra cara, el otro modelo de manivela -deformado en su primer tercio y diseñado para tirar de él- evidencia la asimetría compositiva del espacio que, conceptualmente, encontramos a ambos lados de la misma puerta.

Reflejado y alterado por el espejo conceptual de la puerta, la manivela primera de recurva y compone, manteniendo su función pero alterando su cuerpo, como Alicia al otro lado del cristal [10]. Esta segunda manivela se compone de un casquillo tubular en el que se conecta la primera manivela, y sobre este casquillo se suelda el mismo tubo de 20 cm, esta vez conformado con una doble curvatura que lo separa 6 centímetros del casquillo y permite una correcta manipulación para poder tirar de él, por lo que se crea un mayor brazo de palanca, pues este esfuerzo de tracción sobre la lámina de la puerta se aplica como un esfuerzo de flexocompresión sobre el mismo eje de la manivela, enterizo con la primera parte de la manivela -la parte para empujar-. Entre los dos, acoplados por un sencillo tornillo plano con una arandela, forman un sólido conjunto que permiten el manejo de las pesadas puertas. Ambas manivelas accionan un sencillo mecanismo de compuerta -que sube y baja según el giro directo de ambas manivelas, no hay desmultiplicación- alojado en el interior del perfil de una de las hojas, que abate sobre la otra. La hoja fija de la carpintería posee una mínima chapa cuadrangular, transversal al movimiento de la puerta, de forma que al cerrar ambas hojas la compuerta al descender cae sobre dicha chapa y atasca la puerta a modo de guillotina. Si se necesita una condena específica, se ubica aparte, no se duplica la función de estas manivelas.

"Ludwig diseñó cada ventana y cada puerta, cada cierre de ventana y cada radiador, con tal cuidado y atención al detalle que pudieren pasar como elementos de precisión, y a la vez de forma sumamente elegante. Y entonces, con su inagotable energía, se aseguraba que todo se realizara con el mismo y meticuloso cuidado" [11]

Estos detalles suponen el incremento de *ruido* intencionado en la casa, el margen de libertad creativa en el que la marca personal del autor puede permanecer, habiendo descubierto Wittgenstein esta vocación en esos encuentros entre sistemas que son los detalles, llevando la definición, supervisión y conformación de estos detalles hasta el fanatismo iluminista. Sin embargo la integridad de la obra física más allá de la limpia superficie parece resultarle indiferente, aunque cuando el último cerrajero que participó en la obra le preguntaba por primera vez:

"Dígame, Lieuteniant Ingenieur, ¿realmente importa tanto un milímetro aquí o allí?" Wittgenstein gritó sobresaltado: *¡¡Sí¡¡* [12]

Tal y como sigue relatando Hermine en sus diarios, el ingeniero de la empresa de metal que se había hecho cargo de la conformación de toda la cerrajería de la casa [13] *"prorrumpía continuamente en llantos"* pues se encontraba desesperado por no poder ejecutar los diseños, aparentemente sencillos, de cerrajerías, radiadores, ascensor y mecanismos. Lotes enteros de piezas de fundición fueron rechazados por *"inasumibles"* por errores de menos de un milímetro [14].

LA HABITABILIDAD

Todo el interior de esta casa se encuentra coaccionado por lo inamovible de paramentos y espacios, en absoluto flexibles y cuyos practicables son de acero, evitando cualquier referencia a la facilidad de una interfaz material del usuario para con la casa. Las condiciones de confort de la casa la hacen, a tiempos, casi inhabitable. La luz artificial, dispuesta como brevísimas lámparas de incandescencia literalmente junto al techo, no era suficiente. Las condiciones acústicas eran tan pésimas que el piano estaba literalmente condenado a la única habitación donde se encontraba una alfombra y gruesos tapizados [1]; el frío era *"completamente insoportable los peores días del invierno" [2]*.

No existen cámaras de aire, intentando ser compensada la inhumanidad térmica mediante la distribución de calefacción por radiadores de fundición, un suelo radiante por aire con salidas en planta baja por las puertaventanas y confiando en los cerramientos [3]

El efecto de pared fría era efectivamente omnipresente en el invierno -aún hoy lo es-, pese al esfuerzo de la calefacción por radiadores y por aire caliente junto a los huecos de planta baja, que no compensaba las enormes superficies interiores, minerales y de acabado no higroscópico, y la indisposición de Ludwig Wittgenstein a colocar cortinas, alfombras o tendidos superficiales que alteraran la abstracción de la casa.

Los acabados son similares en interior y exterior, con un revoco pétreo de diferentes proporciones pero similar composición: un revoco de cal en el exterior, protegida por un zócalo de color ligeramente más oscuro, de piedra artificial [4], en el arranque de los muros en el patio. Este exterior es de color blanco perlado, con una ligera textura raspada, y el interior posee un tacto similar; con solado de hormigón pulido, muy básico, pero con una cuasi perfecta distribución de juntas, particiones que resaltan la evidente modulación usada en las estancias y la imperfección de la misma por los accidentes provocados por la imposición de un sistema industrializado con una mínima tolerancia adaptativa sobre un espacio de carácter artesanal con unas medidas que no vienen de la misma secuencia.

Salidas de calefacción de aire en planta baja, estado actual, foto del autor

Ventanas del semisótano, simples, con cierre-sujección original, foto del autor

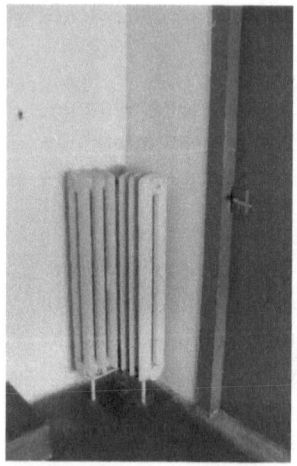
Radiador de fundición, ubicados en las esquinas, original, estado actual, foto del autor

Chimenea en el salón privado de Margaret Stonborugh-Wittgenstein, hoy desmontada

Este solado, en correspondencia con la casa, es de hormigón pulido coloreado en masa en un color gris oscuro. Se pulía inicialmente con piedra, aunque con el tiempo esta sensación reflejada no ha hecho sino potenciarse [5]. Según se relata [6], las partículas de caliza y silicato -con un alto contenido en pirita- se depositaban durante el fraguado, siendo pulidas después. En la sección del mismo -10 cm- se han incluido en algunos puntos los conductos del sistema de calefacción por aire caliente

Estado actual, solado de planta baja con el despiece original, foto del autor

de las cerrajerías de planta baja. Se distribuían por el solado de planta baja hasta las puertaventanas que relacionan dicha planta con el jardín a través de las terrazas. En el recorrido de esos conductos, no más de 5 cm de material queda sobre los mismos, con una anchura de entre 90 y 105 cm- sin que hasta el presente se conozca rotura o fisuración alguna. Su estado es, tras más de 90 años, perfecto.

Por supuesto, Wittgenstein pretendía la incorporación de una mecanización industrial y despersonalizada en el despiece de un pavimento industrial pre-fabricado en la casa, un camino evidente para mostrar la modulación de las salas. Las juntas de este pavimento continuo *in situ* se realizaban según las proporciones del espacio bajo el que se iban a colocar. La distribución se hacía tomando las distancias entre los muros y paredes que formaban el contenedor espacial, y se distribuían uniformemente, acumulando las medidas no regulares en los bordes. Tampoco se tenían en cuenta la proyección del descuelgue de vigas en el hall. Es, como se verá, uno de los motivos de incoherencia en la transcripción física de la concepción *purista* de la proporciones, pues no se tuvieron en cuenta los sobreanchos de ventanas ni el grueso de los elementos de albañilería ni estructura. Además, todo está lleno de esquinas y tacones, motivos de desajuste entre espacio y materialidad [7]; y en todo este encuentro no se ha incorporado, por supuesto, rodapié alguno. Los elementos se componen en unidades sencillas, no puede intervenir un elemento extraño como un añadido superficial, según estos principios.

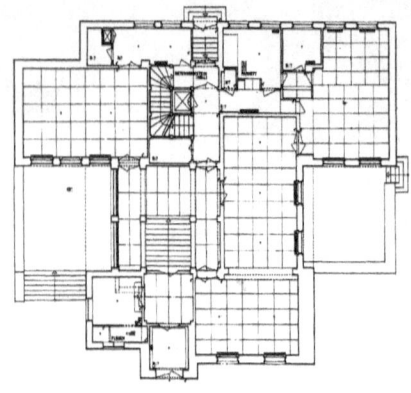 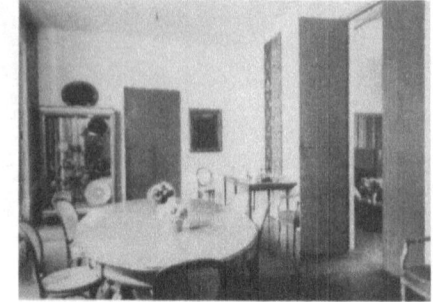

Planta principal con el despiece del solado. Estado actual.

Sala de música con el mobiliario, 1968

La fría mineralidad de las paredes interiores, propias de un rudo exterior más que de la domesticidad al uso, el solado de hormigón pulido y la cerrajería exterior e interior [8] hacen que la reverberación sea tan acusada que la práctica musical requiera de una completa vestimenta de la habitación destinada al efecto [9]. Este reflejo interior casi eterno de lo que de ruido se produce dentro de ella, se mantiene rebotado durante varios segundos tras su emisión. Este fenómeno fónico sería quizá el más molesto para Wittgenstein, pues es el que más separa la monumentalidad de la concepción de la vida real diaria de su hermana en la casa. Su intento de hacer de la casa un lugar sosegado en su aislamiento ensimismado en plena calle Kundmann era loable en su finalidad, pero el desconocimiento de la relación biunívoca del material con la persona, la interfaz [10] provoca la inhumanidad de su interior en este aspecto, al contrario que el exterior, con terrazas acondicionadas. La planta semisótano acogía todas las instalaciones que intentaban acondicionar el resto de plantas.

En esta casa queda flotando durante unos interminables segundos el acorde arrojado dentro de ella. La gran masa de los muros garantiza, junto con la doble cerrajería de los huecos de fachada, la práctica totalidad de ausencia de sonidos extraños a la casa. Las pesadísimas cortinas metálicas laminares de los ámbitos de la planta baja refuerzan este punto en la misma. Sin embargo, la casa es un gran instrumento que funde sonidos y los transmite por toda ella, funcionando a modo de caja de resonancia musical conectada con el distorsionador de la continuidad pretendida entre sus espacios. Es impracticable para la ejecución musical. La misma cualidad neutra, fría e impersonal de los materiales de paramentos, techo y cerrajerías provocan la velocidad con la que estos sistemas materiales restan temperatura al ambiente [11] y hace inhumana la estancia calmada en la mayor parte de sus estancias más representativas.

El sistema de la habitabilidad proyecta, al ser leído desde la globalidad de lo real existente, una casa hipertrofiada en su protección material. Esta esfera primera de los sistemas de proyecto es una casa edificada en la que la estructura de lo construido superpone el orden tectónico al geométrico, dando lugar a una jerarquía espacial que permite el ajuste entre las diversas casa contenidas. Es una casa/sector delimitada por el orden estructural de pilares y muros, por cubierta y cerramientos por cerrajerías y tendidos superficiales. El funcionamiento interior y la contención humana vienen justificados por los flujos interiores de abastecimiento, relación y salida, que junto con la pluviometría delimita el volumen construido como un protector estructural, climático y lumínico de la actividad humana contenida.

La misma Hermine relata cómo a Margaret la casa *"le iba como un guante"* pues para ella *"todo lo que la rodeaba, desde su infancia, tenía que ser original e imponente"*. Sin embargo la monumentalidad gráfica y espacial de la casa no se adaptaba a las condiciones de vida de la mayoría de sus habitantes, pues como sigue relatando Hermine:

"...aunque yo admiraba la casa muchísimo, siempre supe que no quería ni habría podido vivir en ella. Me parecía más una residencia para dioses que para un pequeño mortal como yo, y al principio tuve que superar una leve oposición interior a esa "lógica encarnada en casa" como yo la llamaba, a su perfección y monumentalidad". [12]

Sin embargo, pese a esa disciplinada conformación formal, la casa no resulta clasicista en el sentido en el que la libertad de uso de la misma

Planta semisótano con las instalaciones de planta baja, y contrapesos de los cierres de las puertaventanas

El hall en 1929 Moritz Nahr

Pasamanos del tramo de conexión semisótano-planta baja, estado actual, foto del autor

se fija respecto a un código formal de los espacios. La libertad está en el soporte, pues la vida interior se encuentra dentro de un sistema arquitectónico tan inexplicablemente neutro que no podía dejar de ser percibido.

Las cualidades de la casa definen un marco físico híper-rígido en el que las actividades se realizan con la hiperflexibilidad propia de una adaptación posible a diversas funciones asociadas a espacios de dimensión no fijada para funciones concretas. Los elementos conformados en estructuras que delimitan el sistema de la habitabilidad de la casa funcionan globalmente como un exoesqueleto exterior de protección global; dentro del cual la variabilidad de funciones depende de la posibilidad de la alteración de usos en el espacio concreto [13].

Este férreo control, contagiado finalmente a su hermana Margaret, pone en evidencia la indiscriminada rigidización del soporte vital de la vivienda recreada por Loos en su escrito *pobre hombre rico,* de 1900. Margaret sufría la casa por la despersonalizada imagen que ofrecía de la misma –la casa se representaba más a sí misma que a su rica personalidad social- pero sobre todo la sufría por su pésimo confort térmico, por su re-

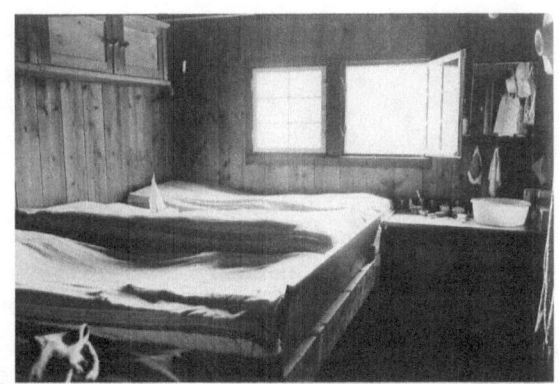

El dormitorio de la cabaña de Todtnauberg en 1968

La cabaña de Todtnauberg en la nevada

verberación, por la tajante prohibición de su hermano de colocar cuadros más que en algunas salas contadas. El hecho de que sólo el pasamanos del tramo de escalera que conecta con el sótano estuviera hecho de madera explicita esta forzada limitación de los materiales, así como el hecho de que no exista pasamanos en el resto de tramos de una escalera compensada verdameramente peligrosa por su mal trazado explicita las múltiples dificultades al habitar, radicalmente opuestas al espacio habitado por Heidegger en Todtnauberg, con una dimensión mínima, acabados en madera, una amplia chimenea central y pequeñas ventanas que necesitan ser complementadas desde el interior, un espacio para permitir a la mente concentrarse en el pensamiento y no en la permanente necesidad de soportar unas duras condiciones climáticas en el interior..

LA REPRESENTATIVIDAD

Así como una de las riquezas de la arquitectura es mostrar lo visible –reflejo- del mundo invisible, la configuración material puede referir la realidad física a una significación más allá de la misma. En esta trascendencia justificada por la significancia de la interpretación [1] del sistema cultural en el que se inserta el proyecto, la casa supera la noción del *tekné* griego para pasar a ser plasmación de la *doxa* de la sociedad de la época. La construcción puede ser interpretada en términos históricos de soluciones concretas para las diversas partes que componen la edificación, pero la casa edificada evidencia, al contrario, la supremacía visible de valores ocultos de una sociedad con un sentimiento de orgullo fundado en la cultura, la raza y la economía.

"El conocimiento viene generado por la creación de un léxico, entendido éste como caudal de palabras y formas propias de la expresión del pensamiento del individuo" [2].

El lenguaje de significancias de representación que crea el *palais* [3] funda toda una compleja justificación del modo de vida de la oligarquía económica a parte de la cual nutre, oligarquía que culturalmente es menospreciada por la vanguardia artística por su falsa ociosidad y vida acomodada, para la cual, sin embargo, hace de mecenas en otro ámbito de la representación mobiliaria. La casa es representación de una oligarquía económica ociosa, que sin embargo es el motor económico y cultural del país.

Las formas de la casa encuentran su correspondencia dinámica con las acciones sociales y con los padecimientos provocados por ella durante su concepción y construcción a Ludwig Wittgenstein [4]. Más allá de las aproximaciones teleológicas, interpretativas o historiográficas, la casa es un ideario cultural sintetizado, una experiencia del habitar condicionada por su entorno, proyectada sobre la ganancia de poder, de saber o de demostrar algo, del ser y el aparentar.

T.W. Adorno desarrollaba, en su *Teoría Estética*, la confrontación de las categorías de la estética idealista con la experiencia estética de las

Apartamento de los Stonborough en Berlín, de Joseph Hoffmann, 1905 (fuente Angewandte Kunst museum)

Palacio familiar de la Alleegasse, destruido por los bombardeos aliados en 1944. Imagen 1892

vanguardias expresionistas. Parte Adorno en esta confrontación con la tesis fundamental de la existencia, en un momento histórico, de que sólo un material artístico puede considerarse históricamente avanzado a su tiempo, y por tanto, vanguardista. La superación vino de la mano de las vanguardias de la modernidad, dentro de las cuales es imposible privilegiar un solo material artístico como hace tradicionalmente la arquitectura. Se inicia con el expresionismo y la Bauhaus la coexistencia, presencial y simultánea, de diferentes situaciones del material artístico, lo que provoca la disolución de las categorías del arte, eliminando toda jerarquía y permitiendo la relación vertical entre las mismas; el edificio de la Sezession en Viena [5] será su más claro exponente y primero. Si la casa burguesa del s.XIX y del primer tercio del s.XX se asentaba en la certeza de la continuación de lo tradicional, la casa post-burguesa se transforma al mismo tiempo que se acelera la plusvalía generada por ella debido a su permanencia en el tiempo de una ciudad en permanente crecimiento, pero con una persistente mirada al pasado.

Destruida -por ubicación y formalización- la función meramente representativa del *palais*, el nuevo ente abstracto y funcional "deliberadamente feo" [6], esa vivienda a modo de palacio se eleva a una nueva realidad

Votivkirche, iglesia votiva neogótica
del Ring Vienés, ca.1910

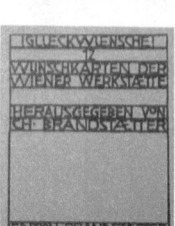

Postales de Viena, editadas por la Wiener
Waerkstatte, 1979, del autor

y adopta un modelo de actuación lejos ya del *gesamkunstwerk* [7] cuya nueva realidad nada tiene que ver con el Neoplasticismo experimental de la época, pues la casa es referente de una experiencia subjetiva y personal, abstracta en sus elementos pero concreta -y hasta cierto punto, clásica- en sus funciones espaciales, una relación unívoca entre la abstracción artística y las figuras del lenguaje de la lógica. Es la opinión más extendida entre la mayor parte de la crítica exterior a la Arquitectura.

La contraposición entre el interior *atmosférico* del que hay que protegerse y un exterior cultural al que hay que abrirse genera la esquizofrenia material del revestimiento similar -revoco a la cal- en el exterior y el interior, pues de ambos ámbitos tiene que proteger la casa al individuo. Así, la necesidad de levantar la casa nace de un intento de escapar de cualquier duda razonable sobre el pasado y los orígenes de la familia; incluso podría leerse el esfuerzo de realizar esta operación en la Kundmann como un intento de marcar un jalón en un barrio rural, símbolo de la superación de unas burdas raíces familiares para llegar a ser un faro de cultura y estilo personal [8].

La casa contiene en el espacio delimitado por su construcción material lo que eran los Wittgenstein y lo que aspiraban a ser, lo que pensaban y

Interior del salón privado de Margaret Stonborough-Wittgenstein,1931.
(Michael Nedo,W.A. Cambridge)

lo que aspiraban a pensar. La casa se levanta como representación de la personalidad burguesa que origina su encargo y que, por medio de la geometría social que sintetiza con su material, actualiza la revolución industrial que originó en última instancia el violento comienzo del s. XX. Ludwig, sumido en este tiempo convulso, pasaba el tiempo intentando escapar de una familia que, con una fe ciega en el trabajo personal, no le permitía hacer nada productivo: bien por ser indigno, bien como demostración de la falta de soporte pecuniario que sostuviera dicha inactividad [8]. El sentido del filosofar, tal y como lo definía él, estaba tan lejos del arte y su entorno cultural que era un trabajo tedioso y pesado, tan lejos del honrado trabajo intelectual de Heidegger, cuyas estancias en la cabaña de Todtnauberg forjan la trascendencia del habitar de su fenomenología.

La casa se manifiesta como un monumento a su propio interior, vacía y neutra para cualquier mobiliario, como un organismo adaptable, tal y como enunciaba Kazimir Malevich [10], que pensaba en edificios como enormes y adaptables objetos para contener, dado que las necesidades humanas concretizadas en funciones son adaptables a múltiples espacios.

"Cuando el edificio denota la función a la que estaba destinado, es un edificio perdido" [11].

El mobiliario del *palais* no es un soporte personalizado – al menos en la planta principal- sino un aditamiento para espacios contradictorios, en los que se escapa de la ciudad en rededor pero se forman para la representación pública, para fiestas, conciertos e invitados, y ahí reside el carácter contradictorio de la casa en relación a su relación con la ciudad, tan incoherente respecto a las cabañas de Skjolden y Todtnauberg, donde no hay lugar para esta representación pública ni por espacio, ni por cercanía, ni para una objetividad de objetos de diseño en los que se altere la subjetividad del habitante.

Su forzada neutralidad, sin figuras de despieces ni materiales reconocibles, le permite instalarse en este entorno historicista, pues no lo arremete. Esta casa, mas en su significado que en su significante [12], sólo trata de representar a Margaret en la combinación de escala y vacío, que la hace monumental. La representación de esta monumentalidad, proyección del deseo o de la necesidad personal y familiar, es la materia del proyecto de la casa, un conjunto imbricado de sueños y necesidades que es el motor de un sistema de necesidades que da respuesta a la significación cultural del proceso completo desde el encargo al edificio finalizado.

Con la fenomenología de la experiencia [13] el lugar traspasa la ubicación física para llegar a entenderse sólo como el resultado de lo que se vive en un determinado momento. La aprehensión de las figuras del mundo sólo surge desde un universal genérico difuso, del que sólo extraemos una relación concreta de figuras reconocibles y codificadas por la cultura dominante. Los lugares se crean en el interior del receptor del mensaje del habitar, caja de resonancia que sintetiza espacio físico y experiencia personal. De la misma forma que la superposición de las redes del territorio ha hecho perder el sentido de la orientación [14], la necesidad de orientarnos, de poseer el territorio dentro de nosotros -y hacer con ello un paisaje mediante la aprehensión de las condiciones relacionales que conforman su estructura- es una necesidad de supervivencia primero, y de sentido después.

El filósofo descubre la arquitectura no sólo como construcción semántica sino símbolo de su presencia, y la arquitectura queda plasmada para él como una comprensión que va mucho más allá del lenguaje. El pensamiento de Wittgenstein no se había antes aventurado tan lejos, acotado siempre por esos límites del lenguaje autogenerados. La casa no se

Heidegger en su espacio de trabajo en la cabaña de Todtnauberg, 1968

Heidegger trasladando agua desde el abrevadero junto a la puerta de la cabaña de Todtnauberg, 1968

construye sumida en un tiempo de la historia y conforme a las tipologías clásicas, sencillamente porque Wittgenstein trata de representar con ella las relaciones sociales de su hermana, provocando una pieza intemporal cuyo tiempo es su propio tiempo: La casa está fuera de la ciudad, pues se separa de la calle con su plinto, se separa de las lindes, se separa incluso de las convenciones sociales. La casa está fuera del tiempo lineal histórico, pues pese a sus referencias de elementos las relaciones que generan su escala y geometría son *ad hoc* para esta casa. Llama en este punto la atención, por su relación con el intento de proyectar fuera de toda relación con la arquitectura y los arquitectos coetáneos, el enunciado del *Jetztzeit* de Walter Benjamin.

"La historia es objeto de una construcción cuyo lugar no es el tiempo homogéneo y vacío, sino el tiempo actual" [15].

Este intento de *desreferenciación* del proyecto se basa visualmente en la despersonalización de la figura de la casa mediante la conformación industrial y teóricamente repetitiva de la misma [16]; pero tiene el efecto contrario, pues cuanto menor es la tolerancia al error industrial, más se

Azucarero realizado en plata, diseño de Josef Hoffmann para la Wiener Werkstate, de 1914_ adquirido por Margaret Wittgenstein.

necesita la utilización de la capacidad artesanal/manual para la personalización concreta de la obra pretendidamente industrial, como ocurría entonces con los objetos de la *Wiener Werkstätte* diseñados por Josef Hofmann [17], en los que el control técnico de los talleres permitía dotar al objeto del detalle más singular que se deseare para reforzar la idea de calidad que se deseare emitir asociada a dicho detalle. En esta época de reproducción seriada de la obra de arte, cuya personalidad se consigue por esa especialización técnica, Wittgenstein plantea la unicidad, lo unívoco de una obra que es mucho más compleja, para replantear el status de la belleza del arte como producto de la precisión, del ajuste a la función, de aquello que es sin embargo imposible de reproducir. No se trata de la facilidad para reproducir, sino para llevar lo supuesto -en el estado abstracto mental de las ideas- con total exactitud a la entidad física material del objeto ordenado; y aunque ello sería más fácil en una época con las posibilidades industriales de aquella, invalidado sin embargo por el énfasis personal en un ajuste tan excesivo que hace alejarse al proyecto de aquella potencialidad de uso social que hubiere supuesto su reproducción en serie; no solo como obra de arquitectura y por tanto funcional, sino como elemento artístico que en su observancia podría seguir deformando el gusto *popular*.

En ese aspecto, en dicha época podría leerse una inversión respecto a la actual sobre la adscripción popular en referencia a los gustos de elección personal; mientras que las clases más pudientes preferían piezas repetitivas y seriadas, realizadas por una industria al alcance de unos pocos, las clases menos acomodadas tenían que conformarse con piezas artesanales sin series de tiradas; mientras que hoy la producción en singular o tiradas limitadas se asocia con una mayor calidad por su representación, no por la calidad de su resultado -que teóricamente sería mayor en la repetición y comprobación de productos industriales producidos a gran escala-, sino por la unicidad —o reducida multiplicidad- que permite la sensación de propiedad de algo único, aunque no sea completamente cierto.

Esa imposibilidad de que sea repetida [18] proyecta la casa como idealización de esta sensación, en cuanto que pretende ser una re-presentación sensible del absoluto, y es por ello que resulta ser en cierta forma postmoderna o casi contemporánea. El habitar ligado a la construcción edilicia y la recepción de la misma para su puesta en carga social [19] no se sitúa en el plano de la socialización del individuo -bien en la acción en la que interviene, bien en su ausencia- sino en el plano del propio sujeto en cuanto a personalidad re interpretativa y provocador del fenómeno, esto es, como habitante vacío de la casa [20]. El habitar se proyecta sobre la experiencia estética, pero el proceso de proyecto y construcción acaba desterrando a la experiencia como formativa de la superposición de estructuras que conforman físicamente la casa, aunque la mantienen en el interior de la vida que soporta.

La complejidad sistematizada de la re-presentación de una época y una clase social queda interpretada según el ajuste a una estructura previa impregnada en nuestra mente por la educación figurativa y cultural. Una casa es reducida a la figura arquetípica que la codificación del lugar o el tiempo nos ha impuesto sobre lo que debe ser *una casa [21]*. Los esquemas icónicos actuales sí soportan la transducción, casi metafísica, del referente real -significante casa Wittgenstein- con la analogía espacial que contiene la imaginería fenomenológica de las vivencias que puede producir la casa en todas las personas, estuvieran o no presentes en algún momento de su vida -significado palacio Wittgenstein-. Es la casa en la que podría habitar la alta burguesía vienesa de la primera mitad del s.XX, pues bien ha sido mostrada por la crítica según la realidad de sus hechos [22], y es que es una casa para ser mostrada [23] más que para ser vivida en un tiempo concreto, que como tal, se rechaza.

EL TIEMPO

"El hecho de que los acontecimientos se produzcan en el tiempo no significa que tengan tiempo: significa más bien que ellos, produciéndose y estando ahí, nos salen al encuentro como si transcurrieran a través de un presente" [1]

Las cabañas de Skjolden y Todtnauberg evidencian, por su alejamiento, una separación con la ciudad y una unión con la naturaleza que implica una preminencia del tiempo, que es presente de forma continua, que el espacio, que al no tener la referencia del espacio social de la ciudad, se difumina desde las referencias al nodo de establecimiento del habitar humano que es la cabaña.

Esta misma falta de referencia con el espacio en el que se construye el habitar en las cabañas se construye en un tiempo inexistente, en un discurrir ni cíclico ni estacional, un continuo más allá del eterno retorno circular. Esta separación del espacio de la ciudad que posibilita el habitar sensible es la buscada por Wittgenstein en la casa, pero evidentemente el reto de separar la casa del tiempo de la ciudad formando parte de su tejido es mucho mayor. Para ello, la casa se ha separado de la ciudad construyéndose sobre un *bathron* que reproduce un naturaleza artificial, elevando la casa del paisaje circundante y referenciando el interior de la misma hacia la dispersión de la mirada al exterior que provoca el arbolado, asumiendo el material mineral del cerramiento también el paso del tiempo plasmado en sus superficies.

Por contraste, en el espacio vacío de las habitaciones -especialmente en la planta principal- es un tiempo detenido, provocado por la simetría absoluta de las habitaciones y la estructura de proporciones repetitivas de una junto a otra [2]. Con esta disponibilidad, la casa no trata de expresar la situación social, no es representativa de las vivencias, sino que la vida social se hace explícita en ella, en una analogía similar a la música y su instrumento. La casa es un cosmos, una constelación sintetizada del universo vienés, un entorno neutro que cobija la acción haciéndola protagonista de ella misma sin interferir en ella, convirtiéndose en esta

Terraza Suroeste y volumen de la entrada, en estado de semiabandono, 1972, foto Otto Kapfinger

Alzado a Kundmanngasse, en estado de semiabandono, 1972, foto Otto Kapfinger

casa la vida social en la única realidad posible. Pero, pese a que es un acto en tierra de nadie, la casa se vive en dos tiempos: uno es el pasado, glorioso y elitista, con un trasfondo del eterno devenir a otro tiempo futuro, lleno de esperanzas de progreso pero sin caridad humanista [3]. La casa es una máquina de escapar del presente, referenciando en la naturaleza -aunque sea artificial- una dignidad del habitar trascendente que la ciudad industrial ha cercenado.

Este uso sintético de elementos intentando olvidar la historia facilita la negación de la misma en su atemporalidad. La casa podría haber sido entonces un ejercicio plástico de expresividad material, habiendo logrado ser un sueño acristalado de la expresividad social, y sin embargo la elevación del plano físico al ideal se intenta mediante elementos, materias y configuraciones de corte clásico. El orden fundante de la geometría aquí no es lo evidente de imposición de las relaciones métricas, sino las relaciones que se obtienen de ella misma.

La estructura visual de los volúmenes de la casa la aprehendemos con las fotografías de época [4] y resultan casi contemporáneas por la cualidad espectral de la casa, el tratamiento del jardín y la falta de referencia al lugar. Los volúmenes se muestran como un complejo compuesto en los que la presencia corpórea se ha transmutado como una sucesión de planos impenetrables, pero casi traslúcidos en la abstracción figurativa. Lo presente físico deviene en presencia geométrica pero inmaterial, condensada

La casa desde jardín, 1967

a la existencia y servicio humano por la inevitable apertura de huecos. Los vanos exponen públicamente los usos y proporciones de cada planta, configurando con su presencia los grados de privacidad de cada unidad del volumen general, siendo similares en sus proporciones en los que unen los diferentes interiores y los interiores con el exterior, tensionando la mirada entre ámbitos por el desplazamiento de la mirada en la profundidad sugerida por el juego filtrado de miradas que provocan las cerrajerías interiores, filtrado que también aparece en el resto de plantas y el mirar lejano que posibilitan, pero a través de una doble cerrajería que filtra el exterior, haciendo desaparecer visualmente el espesor del cerramiento.

Es posible -a pesar de su pretendido carácter abstracto- que dicha figura abstracta resulte reconocible, validando una contradicción que el arte abstracto podría descubrir en algunas de las proposiciones lógicas del *Tractatus*: la muda y neutra apariencia de la neutralidad comprende una profunda figura en sí misma, pues los contrarios son contenidos entre ellos mismos. El carácter neutro de la casa dentro de la ciudad -separada además de la escena urbana por la plataforma donde se ubica- la espacialidad flotante de la planta baja, el carácter segregado del resto de plantas: la casa al completo acaba siendo una alegoría historiográfica al querer hacer algo alejado, escapado de la historia. Esta recurrencia histórica para escapar de ella es profundamente sutil, y está también oculta bajo la falta de figura del proyecto moderno [5]. Estas figuras históricas usadas para fundar la ahistoricidad del proyecto se puede pensar que es

La entrada, 1929 Moritz Nahr   La terraza suroeste desde el jardín, estado actual, foto del autor

El hall a través de la sala de música desde el salón privado de la propietaria, estado actual, foto del autor   Desde la planta primera hacia el exterior, estado actual, foto del autor

uno de las faltas que ha denostado el papel de la casa en la historia de la arquitectura cuando, en realidad, radica hay parte de su ingenio y la condición que hace de ella un elemento imborrable de la historia próxima de la arquitectura moderna.

La necesidad de configurar una masa material, a menudo enorme y heterogénea, con arreglo a una ley formal válida indistintamente para cada elemento,

Desde el Jardín, 1929, foto Moritz Nahr

exige la reducción de la forma arquitectónica a lo más elemental y necesario, a lo más general, y presupone una limitación a las formas cúbicas y geométricas: los elementos fundamentales de la nueva arquitectura... [6]

El orden y la estructura -física, formal, funcional, interpretativa- son las leyes de una transposición entre escalas de la existencia que, sin embargo, podría ser tentador el evidenciarlas con materiales cuya cualidad física o expresión nos remita más directamente a estas cualidades. No hay brillos, paramentos transparentes o texturas figurativas en la casa. Los elementos son de un tiempo inexistente y eterno, con acabados que no sabemos si llevan ahí un año o décadas, pero la aparición de ellos y su configuración se hace en un proyecto de arquitectura más allá del tiempo lineal y concreto de la historia.

Esta sumatoria de sensibilidad y organización estructurada [7] nos ofrece el conjunto de la casa como una *habitación vacante* en términos de Juan Navarro Baldeweg. Estos espacios quedan referidos al margen de acción que la atmósfera y el accionamiento provocan en el espacio, superando el ente físico que la compone. Este margen de indefinición al que se refiere dicha *habitación vacante* se manifiesta en la casa de forma evidente cuando se llena de gente accionando dentro de ella, dejando a la casa en un proceso abierto, con múltiples soluciones alternativas para la puesta en carga de ese espacio. El deseo creativo es el que atrae la imagen necesitada desde el fondo oscuro del pensamiento y lo ilumina con la posibilidad de lo real.

"Entre las actividades cotidianas, en los intersticios de las acciones orientados a una meta, el espacio y las acciones humanas se ven como un juego gratuito, como un teatro. El medio ambiente, la arquitectura, se convierte entonces en escenario de tal teatro: una escena formada por algunos elementos del entorno y por las relaciones de la gente con ellos". [8]

En la arquitectura, cuya temporalidad sólo se establece con efectividad sobre la realidad física al desaparecer [9] la importancia de la memoria no reside en re-presentar algo ya inexistente -tiempo pasado- sino en que es una imagen del pasado, que se muestra siempre en un contexto muy diferente, cambiante, en torno a ella. Es la memoria de la arquitectura, presencia *simultánea y contradictoria* del pasado y el presente en una pieza física, con potencialidad para llegar al futuro. Se pretende la permanencia en el tiempo de la casa, por lo que el intento de disminuir la acción de esa *cuarta dimensión* obliga a la elección de sistemas constructivos resistentes [10]. Este establecimiento temporal, esta quietud histórica, se reproducen mediante la contraposición simultánea entre la vida real de la casa y el accionario posible dentro de ella [11], pues aunque te encuentres en una sala siempre se tiene la certeza que serviría para otras mil funciones además de la establecida. Además, la continuidad de espacios es real y se percibe materialmente como una continuidad que de homogeneidades materiales -interior y exterior, y diferentes interiores entre sí- y la geometría, alturas y ventanales similares, que nos permite estar en un todo compartido y, sin embargo, poder habitar en la individualidad unívoca de un espacio reconocible.

La casa es la idea y re-presentar la casa no tiene sentido según el sistema lógico del *Tractatus*, de ahí que un Wittgenstein superado por tal circunstancia no quisiera ver los dibujos que de la casa hizo su hermana y *"...le prohibiera tajantemente colgar cuadros de la casa dentro de la propia casa"* [12]. La teoría de una serie estructurada de ideas se hace proyecto en la acción técnica y artística, al igual que el pasaje se hace paisaje cuando se integra en la mente del que recorre un territorio.

Wittgenstein hereda el proyecto de una casa anterior, desplaza su ubicación y lo hace perderse en un jardín, de modo que la imagen en la ciudad surge del volumen de la vivienda sobre un plinto mórfico; mientras que la imagen de la ciudad queda perdida en un jardín informe, un jardín sin localización, una rememoración física del paraíso a modo de inserción de la casa en una

El paseo de entrada, 1929, foto Mortiz Nahr

pequeña naturaleza parca y sencilla, lejos de los bosques austríacos, teniendo a una naturaleza antropizada como modelo de referencia. Se introduce la figuratividad del árbol para la superación del nihilismo figurativo que caracteriza a los pensamientos post-mortem en diferentes culturas paganas, concretando el recorte de las figuras que fijarán las líneas de visión del exterior dentro de la vivienda, y ligar la operación así con el jardín del edén primigenio.

"En la autonomía así alcanzada, la figura del objeto se exalta frente a lo que le rodea"[13]

Esta autonomía de la ubicación entre volumen de la vivienda y operación urbana desde el plinto hace que la casa esté circunnavegada por una geometría heredada de la naturaleza, aleatoria y abierta, pero con una clara sucesión en las vivencias del paseante por él que hace inevitable el orden geométrico aunque con simetrías y claros ejes de trazado [14]. El jardín es un jardín inglés con orden francés, que se experimenta con una clara estructura de movimiento seleccionado previamente. Este entorno sostiene las visiones de la casa, fuera de todo *decoro* propio de la época [15]. La sombra, arrojada sobre la casa, ofrece una imagen cambiante con la evolución del sol, y por tanto, no escapa del tiempo repetitivo y circular de la naturaleza solar.

Esta relación con lo cercano no la provoca el lugar, pues es recreada aquí como en cualquier otro lugar. El lugar es inocuo, el solar, específico y temporal, da pie a que las presencias arquitectónicas se hagan específicas, pero esta casa no lo es. Es específica sin lugar, porque la única referencia a su calidad es ella misma y su proceso. Aunque Wittgenstein lo dibuja, le falta la referencia al norte: la casa no posee orientación, está orientada en un campo genérico, y la orientación no es la misma cuando la versión original se iba a situar en otro lugar diferente antes de la llegada de Wittgenstein al proyecto. El símbolo *Norte* está colocado por añadidura, por no dejar parte del papel vacío, pero el movimiento solar no estructura las relaciones de la casa aunque sea sensible a éstas, pues no se genera en atención a las mismas. Realmente la casa podría volverse 180° y seguir siendo la misma, especulación que arruinaría la mayor parte de la arquitectura del Movimiento Moderno pese a la autonomía de su figura respecto al mundo que las rodea. Esta desorientación proferida desde la deslocalización de la vivienda es opuesta a la de Le Corbusier cuando describía la *petite maison* en términos de *la tierra se acoplaba a la casa como un guante [16]*.

Así, en este aislamiento, la casa actúa como caja de resonancia de un tiempo y un espacio genérico, no evolutivo. Así como la indeterminación física del tiempo corre paralela a la necesidad de protección del espacio, la casa sincretiza el tiempo en una eternidad, y el espacio en una distancia concreta. La precisión [17], queda arruinada tras el intento de síntesis del *Tractatus* a modo de construcción física que, debido al orden previo que se le impone y al espacio contenido en sus distancias, se supera a sí misma y a su proyecto inicial. El espacio estructurado por la interpretación impuesta por las medidas, la sencilla *vara* de Le Corbusier que ordena el mundo [18], queda definido por el código de interpretación personal del contenido de ese espacio. Los contenidos personales, ocupación y conquista del espacio vacío de la arquitectura, superponen en la experiencia del habitante de la casa los dos códigos interpretativos del s.XX: por una parte el espacio geométrico ordenado por una idea, una entidad supramaterial inmutable que contiene a la persona en un tiempo y un espacio supremo y absoluto. Por otra, el espacio topológico experimentado en el devenir sucesivo del fenómeno mutable interpretado en cada momento por el habitante al experimentar el espacio.

EL MOVIMIENTO

Es la experiencia del habitante la que define el espacio mediante la activación mediante el movimiento de los accidentes espaciales pretendidos en las estancias de la planta principal, en la que todas se abren al jardín directa o indirectamente. Este efecto de continuo *dejá vû* –provocado por los capiteles negados, las ventanas y puertas de igual dimensión y ubicación, el mismo material en interior y exterior [1]- se experimenta mientras recorremos una planta desarrollada en dos ejes transversales y que abren la casa al exterior, posibilitando la ilusión evidente de una aliteración infinita, que domina por completo la percepción de la planta baja, principal, de la casa.

Estos ejes principales son los que confirman la evidencia de una composición de corte histórico, identificando funciones asociadas al desarrollo secuencial de la planta organizada sobre ellos. El eje de la entrada, de simetría imperfecta marcando el eje de la *T* que conforma la casa, liga el núcleo distribuidor del *hall* con el exterior, salvando además el nivel que separa casa y jardín. Transversal a éste se sitúa el eje social, que une funcionamiento de sala de música y dibujo –las dos aficiones de Margaret- con la sala de recepción de visitas. Este carácter transversal va girando paulatinamente con el primer eje menor paralelo, que dirige hacia la sala de música, afición esta que mantenía unida a la familia. Transversal a él, el eje menor transversal que conduce al despacho de Margaret, que a modo de panóptico se sitúa en la desenfilada del hall y el jardín, con una perfecta visión de ambos. Con estos tres ejes, se consigue un acceso sin visión de la profundidad, ganando esa experiencia en los giros.

Este desplazamiento centrífugo de la mirada define uno de los sistemas fundamentales de la casa, el del movimiento. Las imágenes de la casa son sedentes, tranquilas, de gran sosiego y quietud. No hay desplazamiento en ellas, ni curiosidad acerca de cómo han llegado hasta allí. Los ejes de la arquitectura clásica se refieren a un movimiento más elevado, el de la secuencia espacial que yuxtapone unos espacios junto a otros.

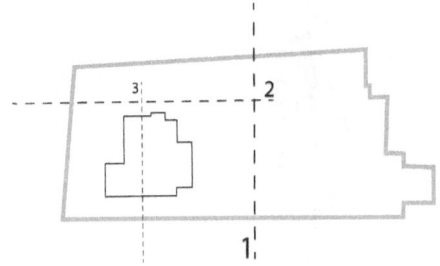

Ejes de movimiento en el conjunto, dibujo del autor

Entrada principal desde la Kundmanngasse, con puerta peatonal y acceso rodado, estado original 1931.

Este movimiento personal y escenográfico en el interior de la casa implica una continua composición geométrica del ojo, que activa la mirada en sucesivos enfoques al recorrer la planta baja: de una sala luminosa abierta al jardín pasamos al hall, profundo y que nos muestra levemente el acceso, distante. De ahí hasta una sala cuya presencia se funde con la del jardín inevitablemente por la frontalidad de los grandes ventanales que hasta ahora se han presentado en exviaje, y al fondo la sala de música evidenciando de nuevo la entrada. Todo ese movimiento se combina con la neutralidad de paramentos, que permite la lectura escenográfica de los movimientos de los otros seres entre el espectador y los grandes lienzos casi blancos. Esta experiencia ocular distante del exceso sólo por la quietud presencial del mobiliario, forma un circuito cerrado para el ojo, que reverbera entre las habitaciones por las conexiones –visuales y de paso- entre ellas, que niega la identidad específica de cada espacio [2] sumergiéndolo en el vacío abstracto de los paramentos, y que queda atrapado en el eco interior de las mismas abriéndose a un jardín que vive algunos metros sobre la ciudad.

La terraza noreste vista desde la terraza suroeste, a través de la cerrajería doble, el hall y la sala de música. Estado actual.

La entrada de servicio y zona de sirvientes desde el salón, a través del hall, estado actual, foto del autor

El proyecto de la casa se construye en una seriación de movimientos incoherentes entre la mirada y el recorrido, hay que recorrer un camino diferente a la mirada [3] para acceder al jardín a través de las terrazas si estamos en la planta baja. Esta posibilidad de movimiento es la construcción mental conformada desde un reconocimiento personal previo, creando un mapa mental, soporte geométrico que fundamente el recorrido desde una localización de base. Mirar en la casa es un ejercicio triple: tenemos que localizarnos en la planta y en la parte de la planta en la que creemos estar, localizar después la zona o ámbito al que queremos desplazarnos y transitar una ruta hasta el, que puede coincidir con la dirección de nuestro mirar o tal vez nos haga recorrer una dirección diferente para alcanzar esa orientación.

De este modo lo percibido y lo físico se inscriben en un horizonte visual vertical, que son estas fugas concatenadas, haciendo de estos dos ingredientes el espacio percibido culturalmente. La casa es un caleidoscopio para mirar, que concreta secuencialmente unas figuras dentro del inmenso campo óptico de los fragmentos que son las estancias, aunque el conjunto es reconocible por las relaciones de semejanza entre unos y

El hall desde la sala de música, estado original 1929, foto Mortiz Nahr

otros. Las visuales de las diferentes salas se abren unas a otras por las puertas de vidrio y los juegos de transparencias creados por las mismas, que hacen visible y tangible el modo en el que uno se mueve por la casa, accionando forzadamente un mecanismo técnico entre un espacio y otro. No es posible el paso libre, siempre hay una puerta, puertaventana o compuerta que accionar para recorrer la planta principal. Para acceder desde el jardín hay tres de ellas.

Este movimiento, plasmado en un sistema de compuertas planteado casi como un juego infantil [4] nos ofrece todo una composición coreográfica, fundada sobre unas transiciones entre espacios que físicamente se condensan en unos elementos de relación por compuertas, que jalonan nuestros desplazamientos físicos tras haber realizado los visuales. Hay relaciones que se solucionan con una pesada puerta metálica, otras tienen dos dobles puertas transparentes livianas que hay que accionar por partes: un primer movimiento abre un par de hojas hacia el espacio que abandonas, otro par de hojas se abren hacia el espacio al que el habitante accede. Todo se realiza suavemente, y en ocasiones no es posible cerrar la primera hoja a nuestro paso si hemos accionado la segunda.

Ambas puertas abiertas, foto del autor

Una de las hojas de vidrio cerrada, foto del autor

Ambas hojas de vidrio cerradas, foto del autor

Aquí podemos ver la secuencia de relación a través de la puerta entre la sala de música y el salón privado de la propietaria.

Referencia aparte merece el movimiento exterior a la casa, pues en el tiempo de proyecto y construcción de la casa, el automóvil había irrumpido hacía ya una década en la vida Vienesa de forma generalizada, aunque el sistema de electrificación aérea estaba cada vez más presente por toda la ciudad [5]. Los Stonborough Wittgenstein solían hacer sus desplazamientos en automóvil [6], cuyo espacio de guarda y mantenimiento estaba bajo el jardín y con entrada desde la Parkgasse. Estas cocheras de guarda se ubicaban justo bajo el volumen edificado que se encontraba en la parcela al iniciar los trabajos y que fue remodelado como vivienda de Ludwig Wittgenstein mientras duraba la dirección de la obra. Aunque estos espacios bajo el jardín [7] conectaban con el sótano de la casa -aun se mantiene esa conexión-, el acceso desde la Kundmann era también rodado, tanto para los automóviles de la casa como de los invitados. El *promenade* era también rodado, por lo que ciertos invitados podían acceder en automóvil directamente a la puerta principal.

"La velocidad trata la visión como materia prima, con la aceleración viajar equivale a filmar, no tanto a producir imágenes, sino huellas inverosímiles, sobrenaturales" [8]

 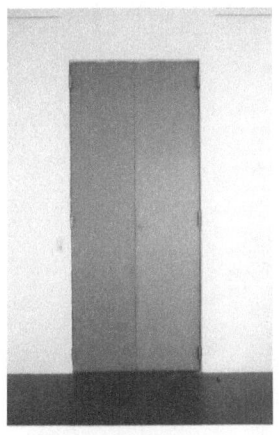

Ambas hojas de vidrio cerradas, y una de metal, foto del autor

Ambas hojas de vidrio y de metal cerradas, foto del autor

En la casa no existe la velocidad, todo el sistema de movimiento se realiza sobre una quietud contemplativa que no admite la posible desestructuración mental del espacio que implicaría un movimiento rápido por ella o en torno a ella. Incluso se ha separado de la ciudad para evitar el bullicio del movimiento, no es posible ver la casa si nos desplazamos en medio rodado, precisamente por ese plinto de protección. El movimiento desde ella o hacia ella sólo es un modo de acceso, pues -pese al acceso rodado al jardín, muy ocasional- la casa escapa de todo movimiento al querer permanecer en el tiempo, deseando ficticiamente que el restarse de la movilidad de la ciudad la estanque en el tiempo.

Para la búsqueda de la permanencia de la casa fuera del tiempo, el proyecto se funda y desarrolla físicamente fuera del movimiento de la ciudad -que queda a un nivel inferior- alejándose de la mutabilidad asociada a la velocidad del desplazamiento en la ciudad para establecer en consonancia el significante físico del movimiento con la quietud sintetizada en su interior, en la que la desorientación e incoherencia de mirada y desplazamiento nos atrapa lejos de la ciudad. Tanto en su interior como en su jardín, debido a la potencia visual de la abstracción [9] la experiencia visual recompone los espacios principales del interior, los alzados y las perspectivas exteriores -tanto dentro del jardín

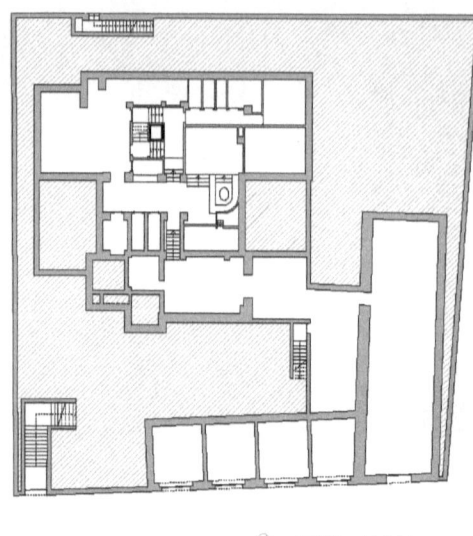

Planta semisótano (sobre rasante) con la conexión de las cocheras originales, estado actual, dibujo del autor

Los planos sucesivos de naturaleza, casa y calle, estado actual, foto del autor

como en el entorno próximo- a modo de reelaboración de fugas visuales similares, en un horizonte que no varía mucho de una visual común a la planta baja dentro y fuera del jardín. Esta línea, ubicada en la mediatriz visual entre la planta baja y el exterior, se percibe desde la ciudad como una línea virtual, paralela al antepecho de protección del jardín, que desestabiliza la base cierta sobre la que la materialidad de la casa queda cimentada y que la separa de una ciudad a la que intenta dejar de pertenecer.

PARTE IV

AMPLIAR LA NOCIÓN DEL HABITAR

La espacial conformación del objeto físico y la abstracción del espacio, su sustracción respecto del tiempo, las diferentes calidades de la luz, la mostración encuadrada del exterior en los interiores, la superposición de las diferentes estancias entre sí y con el exterior en los umbrales de la relación de las mismas, el recorrido previo a su acceso...

La superposición del ser de la *casa* y el estar de la *vivienda* [1] instituyen una creación paralela al mundo creado por el condicionante de lo social, que forma el ajuste perfecto del habitar con el cuerpo físico de los órdenes edificados confluyentes en la casa. Con esta complejidad de sistemas superpuestos, habitar y habitación son las dos caras de un mismo fenómeno, el del habitar, en el que hay una cierta complementariedad, una circularidad entre ambas partes, y en este cierre la arquitectura puede considerarse desde esta realidad compuesta de partes complejas que provoca la experiencia multidimensional de la arquitectura, que *disfrutamos* hoy.

Esta desestabilización se condensa en la percepción de los diferentes espacios, situados junto a los otros y conectados entre sí pero no de forma evidente -los paramentos no permiten una relación directa por su opacidad- y se dejan comparar en el movimiento del habitante por la casa. Así, el pensamiento filosófico ha deformado un proceso de proyecto hasta construir un conjunto complejo, cuya magnificencia palaciega y escala más allá de lo doméstico -al menos en la planta baja- nos muestra una realidad enriquecida en sus estructuras y ampliada respecto del tiempo histórico y el espacio físico concreto; ampliación que realiza mediante cuatro miradas renovadas sobre categorías de la arquitectura en las que el pensamiento ha intervenido para repensar los conceptos de base del proyecto de arquitectura.

CONSTRUIR PARA PERMANECER
FUERA DEL TIEMPO LINEAL

El tiempo lineal de la vida terrena parece quedar suspendido en estos interiores, al quedar rigidizadas las sucesivas estancias en la relación directa -en una única dirección con dos sentidos- que poseen entre ellas y con el exterior. No es posible ampliar la casa sin agotar los límites físicos que generan las identidades múltiples de sus espacios, y cada espacio ha sido generado específicamente para una función concreta aunque puede acoger muchos usos, creándose todo el conjunto como una fijación de un particular momento histórico que trata de permanecer en un tiempo limitado. Las cabañas se fijan en la tradición y por ello permanecen como fruto del tiempo antrópico, el *palais* no se proyecta para evolucionar a través de los tiempos sino para permanecer en ellos mediante la adaptación a los mismos. El templo de Luxor, al contrario, fijaba físicamente el tiempo transcurrido como un modo de geometría física, que iba girando por la derivación visual de la estrella polar, asimilando constructivamente la deriva en el eje principal de su planta, mientras se desplazaba con el paso de los siglos [2]. Así, las cabañas de Wittgenstein y Heidegger serán breves monumentos a la evocación del necesario vacío para reclamar el sentido de una existencia en conjunción con la naturaleza, una naturaleza eterna, cíclica, contra la que la tecnología y la comunicación exterior atenta radicalmente, negando el sentido del ser-ahí de unas arquitecturas utilizadas como puentes que llevan a su habitante fuera del tiempo y el espacio de la ciudad.

Esta concepción del espacio, desligado de las condiciones de su contorno, es representativa de las condiciones en la que, contradictoriamente con su tipología, poseen los espacios del *palais* debido a los múltiples usos y acontecimientos sociales que pueden acoger, estando sin embargo tallados para una única función. No podemos cualificar estos espacios como entes autónomos, aunque el espacio terrenal se compone de materia que es, en su mayor parte, vacío; y como tal es medible por los elementos entre los que se contiene y es por ello cuantificable y representable. El espacio es un estado de posibilidad en potencia que se concreta en los actos concretos de acotación del mismo mediante

Terraza suroeste durante la noche, estado actual

Tterraza suroeste desde el nivel del jardín, estado actual, foto del autor

la intensificación que sobre él se produce al atraparlo en una estancia física o usarlo como base de una actividad. Es una entidad autónoma del tiempo pero dependiente de él si es la actividad de uso la que lo define o activa. Y esto lo descubrirá aquí.

Los ámbitos de la planta baja nos remiten por medio de esta aliteración a un sistema de visualizaciones repetitivas y multipresentadas, donde la irradiación de la neutralidad a modo de espacio térmico superpone la entidad física de la experiencia arquitectónica con la resolución geométrica –ortogonal- de la solución tectónica -con la que sin embargo se intenta construir el espacio de la cueva platónica [3] Esta puesta en uso de esquematismos conceptuales asociados a la neutralidad, aliterada, en las diversas estancias de planta baja contrasta con la muy mundana conformación del resto de las plantas, que por contraste actúan de verdadera caverna donde se refleja el intento de perfección de la planta baja, asociando

Salon desde entrada servicio, estado actual, foto del autor

Entrada a comedor desde salón, estado actual, foto del autor

los actos humanos domésticos a un submundo iluminado por el reflejo de las ideas. Retóricamente, este submundo se construye encima del primero, en un intento de escapar -en vertical, movimiento asociado al despegue aéreo- del mundo luminoso establecido como fundación de la casa.

La secuencia de continuidad entre ámbitos se construye visualmente desde su interior mediante horizontes verticales: el lugar de cada estancia, o la relación con el jardín próximo queda detenido en el interior de un sinfín de fugas visuales concatenadas en línea y transversalmente, que constituyen e integran la percepción del espacio de la casa. La estancia se inserta en una región proyectiva del globo ocular, y este espacio es el ámbito de la casa: el ámbito de las visuales [4]. El espacio arquitectónico se establece entre la habitación como realidad física y la habitación que se percibe, y esta evolución del movimiento del habitante y el movimiento del ojo disuelve el tiempo en el que se produce por una intensificación de la experiencia.

ESTRUCTURAR DESDE LA HISTORIA

Para el Ludwig Wittgenstein del *Tractatus* la caracterización del espacio como soporte del desarrollo temporal funda una línea cronológica, personal, ligada a un pasado y futuro definidos en cuanto paralelos al propio presente en la temporalidad del ser personal. De esta forma la personalidad del Ser [1] queda formalizada como un eterno devenir de temporalidades múltiples en las que el pasado y el futuro se superponen y desplazan al presente [2]. Ese es uno de los ahíncos de la arquitectura clásica, aunque la temporalidad finita se incluya como estructura de valor en la arquitectura contemporánea y su redescubierta responsabilidad ecológica y mundana. Se concibe la casa como una estructura, como un eterno devenir, cíclico, frente al progreso lineal acabado en el paso a la *Vita Aeterna*.

Pero esta concepción es desbordada por el vacío de los espacios, y aunque la evidencia, la niega en la vivencia sensible de los mismos, en un lugar y tiempo concretos. Con similar estructura de soportes para la vida, el medio construido de la ciudad se funda tradicionalmente como un orden completo ordenado en sí mismo y externalizado respecto de su temporalidad [3]. La arquitectura histórica -en ella habríamos de incluir el Modernismo- imita modelos creativos semejantes a los que el arte ha recreado como imitación de la naturaleza. Pero la arquitectura no puede contener el germen de una revolución, aunque el sustento ideal de ésta sí:

"la Modernidad se acaba cuando ya no parece posible hablar de la historia como algo unitario" [4]

El edificio es un ejemplo representativo de los principios arquitectónicos que se vislumbraban desde hacía un lustro en la obra de Loos [5], sintetizado además desde la experiencia vital que de la arquitectura tenía Wittgenstein. Así, utilidad y conveniencia, permanencia y belleza se funden radicalmente con la ausencia -y deliberada negación- del ornamento, la incorporación de nuevas técnicas y su adaptación al funcionamiento para el que se conformaba, pero también para otros posteriores. La visualización de la superposición entre orden material y experimentación del espacio -asociado a un fenómeno- es un rasgo de la casa que

Entrada del conjunto desde la posición antes ocupada por el jardín, estado actual, foto del autor

Alzado del conjunto a la calle Geusa, estado actual, foto del autor

separa el cuerpo final construido tanto del Neoclasicismo –la casa está a caballo entre diferentes tipologías y posiciones de la ciudad, no está estructurada por un orden histórico- como del Movimiento Moderno, que por aquel entonces estaba formándose.

Esta multiplicidad visual nos hacen redescubrir en la casa una nueva figura arquetípica de la idea de *palais* –esto es, una vivienda unifamiliar aislada y representativa con jardín- y con ella, un nuevo significante [6], un sencillo paralelepípedo blanco, con ventanas y puertas marcadas por su diferencia de calidad más que la profundidad, aislada pero generando en su conjunto una escena urbana que ordena la zona en la que se asienta. La imagen de la casa está desplazando el icono que la historia nos hace suponer como palacio urbano. Este desplazamiento de la recurrencia figurativa a un nuevo esquema iconográfico, se produce por el reduccionismo formal y material de la casa, un nuevo esquema conceptual por

Alzado del conjunto a la calle Park, estado actual, foto del autor

Alzado del conjunto a la calle Kundmann, estado actual, foto del autor

el que fácilmente somos transportados a una esfera analógica en la que la referencia histórica se supercualifica gracias a la vivencia fenomenológica [7], y con ello supera la noción de tipo y convertirse en arquetipo; por ello la casa se ha presentado como icono de un relato alternativo de la modernidad.

Dado que la arquitectura de la casa no es expresión de ningún mundo cultural o estético subyacente, sino que fue realizada *ad hoc*, no nos sorprende que su status de figura espacio-temporal no necesite de la referencia histórica para completarse. La arquitectura, en este caso, no dialoga con la historia de la arquitectura. Es muda, aunque existe la cita histórica. La referencia clásica de ciertos elementos no hace sino evidenciar aún con mayor fuerza su autonomía en este sentido. Para la crítica ha sido imposible encontrar un nicho de clasificación para el *palais* entre el expresionismo, la modernidad y la fenomenología postmoderna, pues puede estar presente en todos aunque no es imprescindible en ninguno.

Frente a la lineal secuencia cronológica en la que se encuadra el total de las acciones artísticas según la historiografía de la arquitectura, la casa se posiciona en una constelación propia, casi fuera de la línea cronológica [8], en una galaxia determinada reflexivamente sin referencias a la línea del tiempo, evitando así ser clasificada, siendo la historia para el proyecto no un campo de juego inexorable, sino un objeto que se construye en un tiempo actual, aquí y ahora, lejos del tiempo homogéneo y vacío de dicha historiografía.

Las reflexiones sobre el origen del *palais* han sido tan recurrentes y expresadas en un tiempo presente, que parece que la casa hubiera sido proyectada en varias ocasiones ya. Esta dificultad clasificatoria viene de la abstracción de sus figuras, abstracción provocada que enfatiza la alteración provocada sobre el orden histórico supuesto para el desarrollo de un tipo histórico en la casa. Esta provocación ha conducido a un resultado de artificialidad intensa, incluso cuando los gestos son leves y se adoptan por la continuidad histórica, como la proporción predominantemente vertical de ventanas y su superposición.

Esta negación hacia una realidad múltiple es la que parece, en un primer momento, justificar la elevación de la posición de la misma sobre la ciudad con la incorporación del gran plinto urbano. La casa parece querer ocoapar de la ciudad pero, dado que no puede hacerlo en distancia, lo hace conceptualmente al negarse a su entorno, y así la realidad para la casa ya es una sola. El plinto es un intento de colonización mediante una mirada panóptica y superior, desplazada como está el volumen de la vivienda en la parcela para conseguir la mayor presencia desde la ciudad pero cerrando a la parcela las estancias de vivencia social [9]. Es por tanto este intento de hacer escapar la casa mediante una superioridad visual lo que funda la referencia tipológica del conjunto, todo un proceso de superposición indiferenciada sobre el tejido de la ciudad más allá del cual se proyecta y construye la casa, sumida en la intemporalidad de un plenum [10] universal que necesariamente reconoce una sutil substancia supra material [11] que realice la función de la cohesión entre los extremo, mostrando el continuo que es el mundo.

El croquis inicial, que a modo de ideograma debía iluminar un proceso que podía alargarse durante años, ha cambiado hoy su particular destino al de ser el nuevo depositario de intenciones no únicamente concretas sino más universales, y puede utilizarse como hermenéutica de un proceso que, pese a no tener rasgos estilísticos como los tuvieron en la modernidad, es igualmente esclarecedor para la arquitectura que busca la integridad de cada obra en cada obra, integridad que para los proyectos funcionalistas anteriores es el resultado de un método en el que la forma era el resultado de un proceso constructivo, pero a diferencia de la arquitectura racionalista la construcciones de Sullivan y su *form follows function* no se dejaban representar como apariencia estética final, sino sólo como método, basado en el vacío funcional necesario para la actividad:

"Si se piensa en los vacíos, en lugar de trabajar con los elementos sólidos, la exactitud aparece" [12]

Esta inversión en la generación del volumen arquitectónico viene provocada por la irrupción en la escena filosófica de la concepción estructuralista de la historia con Saussure [13]. El estructuralismo rompe la concepción lineal de la historia como progreso ilimitado de la cultura y la humanidad, para elevar el paradigma lingüístico a la esfera de herramienta de un pensamiento estructurado. Las estructuras, procesos de significación, lenguajes, son por definición autónomos, cerrados en sí mismos, por lo que la generación de los mismos están íntimamente -estructuralmente- ligados con el proceso generativo, por lo que dicho proceso se eleva a la categoría de cualidad del objeto. Tan importante como el material son las ideas que lo han hecho posible, justificación ideal del accionario de proyecto en esta casa.

El trayecto que va del pensamiento hasta esa entidad planeada -esto es, plasmada en planos- previa a su paso a la materia, es un recorrido mental y representativo que implica un proceso abierto que, aunque culminado en un edificio físico y final, sigue vivo y alterable fuera de la materia ordenada a la que ha dado lugar. La incertidumbre de la correspondencia entre ambas realidades es un margen de coherencia que establecemos como error. Wittgenstein establece el proyecto como un paso exacto entre la realidad planteada en el sistema de enunciados y la realidad construida de sistemas arquitectónicos, con un proceso de revisión

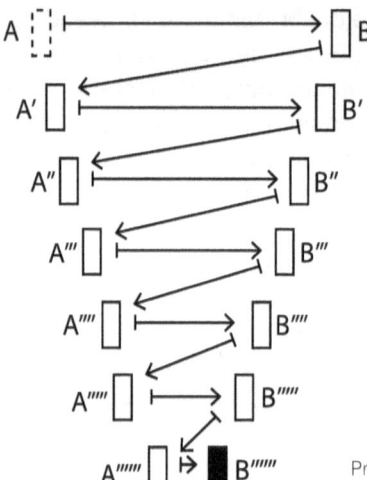

Proceso de toma de decisiones en Wittgenstein, con ajuste de contrarios, dibujo del autor

progresiva en el que ambos objetos, enunciado y reflejo, quedan afectados mutuamente hasta que la correspondencia entre ambos es asumible como tolerancia permitida [14].

Ese grado de tolerancia en la toma de decisiones progresiva y condicionada se establece como asumible para Wittgenstein en las configuraciones materiales en las que la apariencia de uso se corresponde con la potencia de su función, evidenciando la inacción como resultado material de la descualificación de los sistemas arquitectónicos. La sala de música tiene una apariencia de poder ser usada potencialmente para casi cualquier actividad, y la desnudez de sus elementos muestran esa potencia. La parte del proyecto que afecta a esta sala está finalizada y por tanto queda así fijada. Caso diferente, las plantas superiores, cuya potencia queda lejos de su uso real.

Al igual que Louis Kahn proyectaba entre extremos [15], para el Wittgenstein del *Tractatus*, el proyecto está en el tránsito entre dos extremos. El silencio y la luz, los dos extremos que son síntesis de las condiciones básicas de un mismo movimiento mental, en ambos sentidos. El arte se sitúa en un lugar próximo al silencio, mientras que la escritura se produce bajo la luz. Este deseo creativo es el que atrae la imagen necesitada desde el fondo oscuro del pensamiento y lo ilumina con la posibilidad de lo real. El proyecto de arquitectura para el Wittgenstein filósofo queda fijado como un trayecto para la plasmación de una conciencia intelectual de la materia, un esfuerzo por plasmar físicamente aquello que comparte estructura con la realidad pero no presencia visual: los pensamientos. El pensamiento, aunque sus frutos sean *claros y distintos* es un ente biunívoco con organización no lineal, y ha de quedar reflejado por un sistema material limitado. El filósofo acoge un proyecto historicista previo, y activa sobre él un proyecto de arquitectura en el que no se crea, sino que se transforman sistemas existentes para ajustarlos a una configuración compatible con un sistema de enunciados previos, un proyecto en el que crear es hacerse de una imagen -la familia, los bailes, los cafés- y proyectarla sobre otra, que la fija y la construye -la necesidad de un espacio- con una tolerancia asumible entre las mismas, tolerancia establecida en el equilibrio entre potencia y apariencia.

El umbral del desorden lo definimos como el grado de complejidad a partir del cual no somos capaces de identificar un principio ordenador. Orden, desorden y complejidad son conceptos subjetivos, que dependen exclusivamente de la experiencia y de la capacidad del observador [16]

ACTIVAR LOS ESPACIOS MEDIANTE LA ACCIÓN

La evolución histórica del proyecto de arquitectura queda reflejada en el proceso complejo de la casa, pues desde la esquematización ortogonal -en el mito de la cabaña [1]- nos hace transitar hasta el espacio entendido teleológicamente como reflejo homogéneo de la experiencia personal e interpretativa. Este espacio supramaterial [2] nos hace cuestionarnos sobre la mecánica newtoniana para explicitarlo, pues es relativo. Einstein en su teoría de la relatividad redefinía los contornos de la existencia natural sobre el referente de un nuevo marco de relaciones espacio-temporales, inaugurando un concepto de espacio que no es nada en sí mismo, no existe el espacio en absoluto, sólo existe a través de los cuerpos y energías contenidas en él, y que lo ponen en carga en su accionario interno y múltiple [3]. Para Einstein y la superación del mundo fundado en las categorías newtonianas, el espacio sólo existe como consecuencia de los acontecimientos que tienen lugar en el mismo, y ello es la medida del tiempo: aquello en lo que se producen los acontecimientos. El espacio y los tiempos de la realidad en la casa se encuentran imbricados en una unidad deformable pero indivisible, ligando el tiempo y el movimiento activados por la función. Esta concepción inaugura un *espacio adherido*, enunciado por Bruce Nauman décadas después, un espacio capaz determinado en relación con los cuerpos y sus accionamientos.

La interioridad interpretada por el habitante, que superpone vida particular -posibilitada por el contenido mobiliario de la casa [4]- y la vida genérica de un espacio neutro y aséptico, es la que muestra la inestabilidad de la vida dentro, sobre, y en torno a la arquitectura. Los espacios de las diferentes habitaciones [5] se entrelazan en un conjunto abierto a diferentes usos que es tan diferente como abierta la función que pueden acoger. Así, la rígida concepción del ente físico de la casa para congelar una definición unitaria y unívoca, genera por el contraste del ocupante de estos espacios el efecto contrario: La completa indefinición de los espacios, ya que no terminan en sí mismos ni son acotados por las habitaciones que los generan. El espacio personal, adherido al cuerpo [6] es el lugar geométrico del encuentro de las relaciones espaciales que

Alzado del conjunto a la calle Geusa, estado actual, foto del autor

Acceso al salón privado desde la sala, estado actual, foto del autor

se generan en la experiencia del espacio, y ese lugar geométrico abre la casa a su paisaje inmediato.

La experiencia de las estancias de la planta baja y del jardín, irrevocablemente cruzadas una con otro, absolutamente abiertas a la posibilidad de que se amolde la vida a ellas, es incompatible con la idea de rigidez interpretativa con la que Wittgenstein iniciaba su intervención en la arquitectura. Estos espacios no pueden contenerse en la globalidad de un marco rígido, preformado por un orden previo autoimpuesto en el proyecto de arquitectura y configurado según la totalidad de una forma preconcebida. La definición del espacio doméstico de la casa surge de la actualización que de éste hace cada uno de los usos que puede contener y que, por sus cualidades escalares, pueden ser múltiples y distintos. Aunque esta casa sea vista por filósofos como construcción sintáctica de un traslado entre pensamiento gráfico y material, es sorpresiva la naturaleza ambivalente de la naturaleza de ese traslado. Un sistema de materiales se desmaterializa por los efectos de cualidades añadidas que ofrecen cualidades

Escalera hacia el jardín, estado actual, foto del autor

Lucernario de planta primera, estado actual, foto del autor

visuales más potentes que el propio material; esto ocurre con el reflejo de las superficies de solado, con los brillos del lacado metálico o los vidrios compuestos en las dos ventanas; que enriquecen por añadidura la vida inmaterial previa.

Esta experiencia compleja de los fenómenos atmosféricos, contrapuesta a la forma rígida de la globalidad de la casa nos hace descubrir uno de los valores verdaderos del proyecto construido: la superposición de la individualidad de cada una de las estancias con la radical heterogeneidad de los espacios de planta baja, afectado además entre ellos en una relación interpretativa biunívoca sin fin. Cada habitación [7] está hasta tal punto vinculada a las demás no sólo por la percepción espacial del conjunto, sino porque la entropía del movimiento y la energía de la yuxtaposición simultánea de los diversos sistemas –usos, estructurales, habitables [8]- delimitan el conjunto entre sus partes de forma que no puedan ser de otra forma tal y como quedan tras la construcción, pues el paso a la forma material las delimita en el ajuste recíproco entre ellas.

Hay una convergencia clara entre las funciones de las diferentes –según terminología agustiniana- partes, que conlleva una integración entre las mismas, definiendo un sistema de sub-objetos plenamente integrado e inseparable del objeto unificado de la casa, compuesto por partes coherentes y afectadas entre sí [9].

Lo que parece inmediato durante la experiencia de habitar el *palais*, la multifuncionalidad de sus espacios, está en realidad creado por la actitud del individuo frente al objeto contemplado/interpretado dentro de la perspectiva interpretativa de la estancia activada por una acción en su interior. Esta activación mediante la acción no llega a invalidar sin embargo la magnitud de los principios geométricos generadores de la casa por la producción subjetiva de experiencias de la percepción personal [10], sino que la dota de un significado concreto por el uso que se le impone al activarla, uso superpuesto a la interpretación de la función de ese determinado espacio. Por tanto, la interpretación separativa de los diferentes espacios –activados por el uso- contenidos en los diferentes ámbitos -de diferentes funciones- se desdice en la realidad de la casa, debido dado que es la actividad humana que lo crea la condición de continuidad que hace que este espacio capaz sea único en la planta baja, superando por su extralimitación física la inserción espacial a la que quedaría condenado si consideramos que cada estancia no forma parte del conjunto [11]. Esto ocurre sobre plano, pero la realidad de la planta principal es radicalmente opuesta; el interior de la casa supone interpretativa y funcionalmente un entorno libre, disociado de los paramentos que lo limitan en su cara interior, que cambia la noción de espacio en el proyecto; de algo físico contenedor a algo disponible contenido, asociado, con una cualidad íntegra dependiente en su forma pero independiente en su cuerpo ideal. Este vacío intermedio entre espacio y construcción de la entidad casa -únicamente, eso sí, en planta baja- segrega la yuxtaposición histórica del objeto utilitario con el metatipo espacial asociado a un uso concreto como es el palacio. Este espacio capaz, asociado al accionamiento, se expresa sintéticamente como un interior unitario, aliado a la forma paralelepipédica de delimitación espacial definida por cuatro paredes, un suelo y un techo, pero aquí es tan intensa la diferencia que se ambos términos se han separado, pues las superficies son intocables [12].

Este concepto físico de espacio disociado nos fuerza a descubrir paralelamente en la casa una aportación a la discusión experimental de la polaridad histórica entre vacuidad y plenitud, extremos con los cuales se ha levantado los conceptos subyacentes en la historia de la arquitectura, desde la construcción hasta la interpretación de la misma. Wittgenstein provoca la desorientación en la planta principal, al asimilar entre sí las figuras de los espacios principales de dicha planta, junto con la tenue luz homogénea de Viena y la asimilación escalar de los diferentes alzados interiores, que aparecen siempre de forma normal a las entradas a cada ámbito. La percepción ofrecida de la figuratividad de sujeto activo y objeto accionante en el interior de la casa se fijan como tales en un horizonte abstracto y común, que las muestra a una misma escala y con una misma dimensión, ofreciendo la posibilidad de separar el contenido de la figura del continente espacial continuo que las funde en un solo espacio. Esto funde la acción social [13] con el objeto culto en un acto del habitar funcional que además se reviste de la belleza del carácter espacial –como puesta en común- de la casa, que además es activado por ambos, sujeto y objeto. El espacio de la casa es afectado por ello tanto por su ocupación como por la luz ambiental.

El espacio producido por este doble proceso, disociado y ligado a acción y objeto, aporta una nueva concepción de los absolutos arquitectónicos: lo pleno y lo vacío no serán los únicos componentes de la creación arquitectónica, pues el proyecto como acto previo de ordenación supra-material y supra-geométrica introduce un tercer componente: el margen entre ellos. Este desplazamiento abierto entre los dos polos de la existencia finita [14] tiene su fundamento en la concepción del vacío como fluctuación de un campo relacional entre partículas y antipartículas [15]. La fuerza visual de la casa, superpuesta a su estructura física junto con sus sistemas interpretativos y sintéticos, nos hace descubrir que vacío y pleno son dos caras de una misma moneda físico/metafísica cuya diferenciación arquitectónica entre espacio y continente implica un ente intermedio, un tercer componente, cuya cualidad depende del estado formativo de la experiencia de la atmósfera del continente cualificando al contenido, esto es, del vacío tornándose en materia plena y viceversa; alternancia que podemos descubrir en la casa, únicamente al experimentarla espacial e interpretativamente.

La casa es por ello dependiente del sujeto, pero la dicotomía surge de que su complejidad física, su fuerza formal y la relación con los exte-

Concepto del espacio disociado, perspectiva sobre la sala de música original, montaje del autor

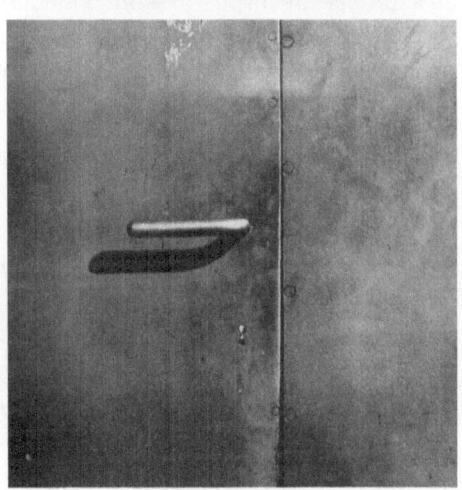

Manivela, en su estado original con el lacado ocultando la tornillería, foto 1973

riores [16] dan la opción de ser ocupada humanamente en su escala palaciega. Es un palacio, un monumento, que en su planta se puede vivir, pues se puede ocupar, se puede recorrer y se puede manejar, en virtud de unos fenómenos físicos –la luz, la temperatura, el material– y una interpretación metodológica que afecta al sujeto –la escala, los usos asociados, las instalaciones–. La monumentalidad reside en una esfera más amplia que el tamaño y el ornamento, características con las que se ha ligado en la interpretación histórica [17]. Tanto espacio vacío y disponible representan a una familia con sobrados recursos económicos, aunque esté situada fuera del Ring.

Esa mutua interdependencia hace que la casa opere en el marco del mundo físico, la materia y la energía. La inexactitud de los complementario y las relaciones entre la interpretación del habitar sobre cada fenómeno concreto de la arquitectura deja muy poco margen a la lectura del palais como síntesis construida de un corpus mental plasmado en un sistema de pensamiento. Sin embargo, esta arquitectura, pese a ocupar un espacio fruto de un proceso de proyecto, trasciende la función asociada a una geometría concreta y localizada, para llegar a operar en un estado vibracional [18] más allá de la materia que la conforma y la contiene [19]. La filosofía actúa como catalizador del proceso de proyecto, pero el deseo de expresar un corpus filosófico mediante la conformación física de un espacio [20] no deja de ser una mera conjetura sin la que, sin embargo, no puede existir la arquitectura por imposibilidad de ésta de generarse fuera del ámbito del pensamiento.

Esta intensificación de la potencialidad del espacio mediante la acción -provocada al delimitarlo y usarlo en secuencias sociales- constituye el intento de atrapar un espacio genérico, el mismo y repetitivo en cada una de ellas, pero confluyente en un único conjunto global a tenor de la profunda sensación de desorientación. La sensación [21] es de un complejo orden visual, anárquico en su seriación abierta y cuasi finita en los sucesivos giros hacia el interior, hacia ese centro substancial de la casa que es el hall donde el ser humano se empequeñece durante su acceso a esta simulada puerta de la cultura.

PROYECTAR LA VERDAD

Proyectar es una conformación intelectual, que mediante la clarificación de conexiones nos lleva a fijar las analogías, relaciones y campos relacionales que crean la globalidad compleja de un objeto arquitectónico o situación urbana, pero la bidireccionalidad del proceso nos fuerza a descubrir que debemos pasar del pensar al hacer, y en el hacer, comenzar de nuevo a pensar. Esta retroalimentación desestabiliza a un filósofo que separa ámbitos de realidad en contenedores impermeables.

Esta acción de pensamiento retroalimentado, superadora de categorizaciones radicales, emana de la experiencia, no sólo de una lectura de estructuras y sistemas que conforman el mismo. La casa es compleja por sus presencias contradictorias: es a la par existencial, refugio y cosmopolita, pero también es tipológica y cartesiana. La serie de dicotomías explicita una casa que es superposición de configuración física y de interpretación doméstica de un modo de vida concreto; modos que se suman en la línea del tiempo y representan cada uno de los momentos que han ido activando el espacio, un espacio físico que se trasciende, no sólo en significancia sino en el material presente, manteniendo un orden superior [1] para un complejo material que, conformado según otros criterios o parámetros, dejaría de ser arquitectura para ser cualquier otra cosa, aforme. Este desajuste implicaría falsedad o incorrespondencia para el Wittgenstein del *Tractatus*.

Esta objetividad supera en su estatismo extrahistórico un corolario contemporáneo insalvable: en el entorno difuso en el que nos encontramos, la aceleración centrífuga de cambios instantáneos *"modelos rígidos e inalterables tienen plazos de vigencia demasiado breves"* [2]. Una vez que se ha establecido cierta causalidad sobre la condición estable de un tipo histórico de vivienda suburbana actualizada para un caso concreto como *verdad particular*, la hiperestabilización de la cualidad íntegra de la casa provoca el reconocimiento de los conceptos ideales de espacio que surgen en este proyecto desde la acción libre dentro de un orden estructurado [3], y las estancias se someten a este tránsito general de la persona, invisible y silencioso. Sólo la disponibilidad de varios signi-

Fragmento del volumen de la casa desde la calle, estado actual, foto del autor

Entrada desde la terraza sureste, estado actual, foto del autor

ficados superpuestos en las partes del conjunto enlaza las estancias, creando una graduación entre unas y otras que responde al uso concreto que hacemos de ellas. La casa evidencia la fenomenología de un habitar sensible y más fuerte que la misma realidad de ladrillo y acero. Antes bien, en la casa la aliteración repetitiva que funda la homogeneidad de los espacios tiende a alterarse por las intuiciones activadoras y sensibles que alivian la uniformidad, sobre todo en la relación del paramento exterior con los parciales interiores.

Todo este recorrido nos muestra arquitecturas que se intensifican por el objeto de las mismas y por su fundación desde el pensamiento, y especialmente el *palais* como un intento de hacer coherentes abstracción conceptual y saber técnico, plasmado en un objeto vivo. Eso es lo que intentaba Wittgenstein inicialmente [4]. Sin embargo su trayectoria vital y la experiencia del proyecto desmienten el sistema lógico del *Tractatus*. Por tanto, su intento de proyectar desde la *verdad* de una abstracción lógica mediante la transposición física del objeto-casa le descubre

Una de las puertaventanas de la terraza noreste, estado actual, foto del autor

la evidencia de que la *verdad* [5] no puede ser hallada en la precisión técnica de la formalización material según una previa modelización mental. Esta *verdad* se funda en la adecuada conexión de significados sobre un contexto físico y temporal concreto, por lo que la entidad global de la subjetividad técnica es la verdadera coherencia sobre la que los múltiples sistemas pueden corresponderse con la ideación de la misma. Esta valoración global de la arquitectura como un campo analógico en la que elementos, estructuras y sistemas se interpretan y valoran según lo restante es la que funda la imagen real del *palais*, de su función interna, de su forma exterior, incluso su carácter y entidad. La cualidad íntegra de la casa es estable y reconocible como una suerte de *antianamorfosis*; que supera la alternancia de los tiempos del eterno devenir de la historia socio-natural de las ciudades, imbricados con los cambios socio-políticos de las sociedades que las ocupan. Es por ello que está *abierta* a su devenir, con usos y tiempos muy variables; y por ello permanece activada aún.

La acción de Ludwig Wittgenstein al trabajar desde los esbozos es elevar el tono de lo que llega hasta él empleando un tiempo mucho mayor en la atención a la concreción física de lo que Engelmann había plasmado en el anteproyecto previo. Sintomática del proyecto moderno de arquitectura es la primacía del saber práctico sobre el saber teórico; aunque la labor de Engelmann ha sido denostada por los filósofos como prescindible y sin embargo, la gran cantidad de decisiones sobre la geometría original de la casa lo ha desmentido. La casa no puede sojuzgarse exclusivamente ni como arquitectura ni como filosofía, pues esta obra es una acción mixta de pensamiento y técnica en una tierra de nadie en la que la crítica, siempre postmoderna, ha accedido desde la profesión. Tanto la crítica severa, como la admiración mistificadora de la otra, lo hacen arquitectónicamente.

Por tanto, las cualidades características de la casa surgen de la complementariedad del trabajo de ambos autores: el proyecto *innovador* desde el clasicismo de Engelmann –la adscripción histórica de la tipología, la proporción vertical de huecos, el hall central con la escalera imbuida- y la simplificación geométrica realizada por Wittgenstein según sus ideas personales sobre la representatividad de lo estético.

Por ello, esta casa resulta incoherente en su fisicidad, pues soluciones tan novedosas a nivel espacial, ambiental y de recorridos se resuelven con soluciones tradicionales, sin prestar atención a la construcción más que como un inmaterial ordenado a modo de *pasta de hacer casas*. Pese a ello, Wittgenstein no permite las alfombras ni las cortinas, puesto que no resultaría coherente el recubrimiento posterior a una arquitectura primigenia dotada de la anulación de lo superpuesto como característica iniciática.

Años más tarde, en 1950, el propio Wittgenstein afirmaría de su incursión en la arquitectura:... *la casa que construí para Gretl es el producto de un oído extremadamente sensible y de la buena educación, la expresión de una gran comprensión, (de una cultura, etc.) Pero la vida primordial, la vida salvaje pugnando por salir a la superficie..., es lo que falta. De modo que se puede decir que no es saludable.*

Al igual que la Verdad absoluta –*Veritate Dei*- no puede sintetizarse desde un elenco limitado de verdades particulares, el intento de confor-

Visión de la terraza desde el comedor, estado actual, foto del autor

Detalle de la escalera, estado actual, foto del autor

mar una verdad particular, simple y enunciada, desde una estructuración obsesiva del acto complejo del proyecto arquitectónico se nos rebela aquí como no posible. Precisamente por ello, la significancia de todo el accionario humano justifica que este conjunto proyectado no surja sólo de la necesidad, sino como un ético y sincero deseo de hacer de un rincón del mundo un espacio más bello, mejor ajustado a su función y más representativo de lo que encontraba antes de activar aquel lugar, proyectando sobre él la concepción que del mundo tenían los agentes activos del proceso: Margaret Stonborough-Wittgenstein, Paul Engelmann, Ludwig Wittgenstein, y tantos otros.

PARTE V

LA ARQUITECTURA QUE CAMBIÓ EL MUNDO

En el *Tractatus*, Wittgenstein prioriza el papel de la conceptualidad abstracta y la exactitud del enunciado sistema lógico como límites del pensamiento; no sólo formalmente sino materialmente, al establecer el lenguaje como límite físico en la expresión del mismo. En la transducción de los conceptos abstractos sobre la arquitectura como técnica a un espacio concreto y delimitado -por lo material de la casa- la percepción sensorial y sensible se muestra ante él como una entidad que puede llegar a estar separada de la concepción ideal si el papel consciente de la técnica no se encuentra presente en la toma de decisiones.

Tras acabar la casa, los conceptos abstractos y la experiencia sensible se encuentran imbricados en una obra de arte técnica, que se produce a un nivel diferente de la expresión personal del arte y de la síntesis procesal del objeto técnico. Wittgenstein supera los enunciados del *Tractatus* para intuir desde entonces la mutua interdependencia de concepto e intuición, significado y significante, llevando al mismo plano el valorar y el calcular. Eso es la arquitectura, que descubre para Wittgenstein un nuevo mundo concreto y sensible: la imagen de lo real se afecta por génesis de la imagen ideal, pero en este trayecto de concreción de lo ideal la misma imagen ideal queda deformada. Este trayecto, que es el movimiento fundamental del proyecto de arquitectura [1], será descubierto en los sucesivos esfuerzos que le requiere el proyecto y construcción del *palais*.

La casa arruina uno de los ideales funcionales del sistema lógico del *Tractatus*. Se inicia con el énfasis de producir un "sólido platónico" pues, según el primer lenguaje de la lógica de Wittgenstein -reproduciendo al generalista de Platón- hay un hecho real, eidético y científico, que sería la casa ideal para su hermana. La casa real, en sí, existente, es una copia de la imagen eidética, sombra en el fondo de la "caverna" material [2]. Para Wittgenstein la casa era proyectada como una mera copia de esa casa ideal, etérea y excorpórea, pero al desarrollar la obra, al levantarla, se origina el transductor fundamental de toda obra con un proceso proyectivo lineal entre idea y re-presentación: la copia de la imagen pasa a ser la idea, mientras que la casa real se torna como significante y significado superpuesto, creando una eidética material que supera la imagen mental iniciática del proceso de proyecto. Este proceso, llevado hasta el extremo por parte de éste, es lo que ha significado la casa hasta elevarla a cierta categoría mítica:

"*...Quizá la prueba más reveladora de la inflexibilidad de Ludwig a la hora de conseguir unas proporciones exactamente correctas sea el hecho de que hiciera levantar tres centímetros el techo de una de las habitaciones, que era lo suficientemente grande como para ser una sala, justo cuando era ya casi la hora de comenzar a limpiar la casa*" [3].

Sin embargo, Le Corbusier comenzaba a principios de la década de los años 20 un camino universal [4] para una humanidad no universal, y Wittgenstein, tras concluir la casa, realiza un profundo giro de su filosofía, y explicaba un hombre que es universal en cada acto mundano, y cuya universalidad radicaba ahí y no más allá [5]. La casa trata de contener al humano mundano y universal, con dos espacios en cada estancia, al igual que el hombre es a la par universal y local. Construyendo la casa se supera el principia del Tractatus, pues el fenómeno interpretativo del habitar justifica la experiencia personal que lleva al filósofo hasta las consecuencias de su "Investigaciones Filosóficas" finalizado en 1949, un año más tarde de la publicación del "Modulor" y cuatro años antes del "Modulor 2".

La casa y el proceso que la levanta nos introduce en un espacio mental en el cual se desarrolla un modelo de arquitectura flexible y más allá del supuesto categórico que se le atribuye a la misma por la producción previa de sus autores, cuya sucesión do condicionantes fluctúa en vertical –jerarquía y geometría- y horizontal –tiempo y materia- hasta alcanzar la cualidad íntegra [6] asumida en la convocatoria conjunta de la sucesión de decisiones unívocas y excluyentes. Y sólo puede realizarse personificándose en el propio espacio que se proyecta, usándolo, activándolo mediante una apropiación personal.

Esto es, las más de las veces, el resultado lógico del espacio físico de trabajo de los estudios de arquitectura, donde nace, se desarrolla y conforma ese ente mental -que será después llevado a una realidad de escala física- que evoluciona con la condición social de cada tiempo, que se constituye y sustenta socioeconómicamente en las condiciones de contorno de la toma de decisiones excluyentes y exclusivas que implica todo proyecto de arquitectura. Al igual que Russell [7] pone en relación directa y unívoca la evolución -lineal y positivista- del pensamiento filosófico con las condiciones sociales que permiten que la humanidad de un determinado momento y un determinado lugar posibilite la aparición de esos filósofos exactos, los estudios de arquitectura fusionan mente y sociedad, y de ellos nace el fruto sintético de ambas. Pero también, y de ahí el interés de esta casa, esa breve porción de sociedad generada en una sencilla casa puede alimentar la energía de un énfasis de cambio social a muy diversas escalas. Así, una casa puede llegar a ser el fruto sintético de una sociedad, pero una sociedad puede devenir de la reversión sintética de un nimio experimento personal sobre la célula fundamental del habitar que es la vivienda [8].

Estas condiciones de contorno [9] dentro de las cuales la conciencia eleva la noción física a la mental, y viceversa, refrendan la creciente segregación entre cultura y civilización. Esta disyuntiva, ya enunciada por Gottfried Semper en *Los cuatro elementos de la Arquitectura* de 1851, opera sobre el reconocimiento del impasse tecnológico provocado por la inevitabilidad de la entrada de la *tekné* en los medios productivos culturales de la modernidad. La técnica -*tekné*- no puede ser contenida artificialmente por la interpretación cultural del producto finalizado o construido. En el espacio humano reorganizado, las vanguardias de principios de siglo cristalizaban la racionalidad productiva de un mundo razonado, consignando el poder de la revolución racional en la historia; Mondrian, Oud, El Lissitzky o los grandes proyectos urbanísticos de Hilberseimer, se construyen sobre esta certeza.

Será diferente la influencia de la cabaña de Todtnauberg para Martin Heidegger. Puesto que tuvo la oportunidad de habitar en ella desde 1922 hasta su fallecimiento en 1976, la cabaña fue el marco en el que se realizaría el giro conceptual -el denominado giro existencial de la hermenéutica- que daba desde 1923 en adelante, por el que propuso retomar la experiencia concreta del habitar como certeza de la trascendencia y apartándose así de la perspectiva teórica de la filosofía clásica. Esta elevación de la experiencia fáctica desde la relación existencialista fue realizada en el marco háptico de sus estancias en la cabaña y el paisaje de Todtnauberg.

Esta limitación de Heidegger que adopta una actitud de separación interpretativa respecto a la arquitectura de la cabaña es muy diferente a la que adopta Wittgenstein en el *palais*, en el que intentaba -y así ha sido explicitada en numerosas ocasiones por la crítica arquitectónica y por casi la totalidad de los filósofos- ser *razón pura* sintetizada físicamente según una superposición de estructuras. Sin embargo, el proyectar la casa impone a Wittgenstein un umbral de desorden, a veces excesivo. Todo *parece* estar justificado, ya que en cada ámbito es fácil identificar un principio ordenador. Aunque orden, desorden y complejidad pueden ser interpretados distintamente, la casa posee este umbral de error en sus partes, y en conjunto, lo que provoca que la nominación de una perfecta síntesis lógica en ella sea imposible para el filósofo. De ahí el enriquecimiento personal obtenido.

"La necesidad de configurar una masa material, a menudo enorme y heterogénea, con arreglo a una ley formal válida indistintamente para cada elemento, exige la reducción de la forma arquitectónica a lo más elemental y necesario, a lo más general, y presupone una limitación a las formas cúbicas y geométricas: los elementos fundamentales de la nueva arquitectura..." [10]

Wittgenstein descubre que el habitar no está sólo fundamentado en la precisión y en la exactitud, sino también en aprehender conexiones, relaciones y analogías, aunque todo ello se realice en el marco físico producto de una civilización técnica lineal y positivista, fundada sobre la exactitud y la precisión. Pese a la precisión, sin las acciones del habitar, las relaciones se objetualizan. La *pluma* de la acción del habitar es más fuerte que la *espada* del sistema, y eso altera la filosofía de Wittgenstein [11]. Ambos, habitar y pensamiento, conforman el espacio como las dos caras de un vidrio transparente, que deja ver los ámbitos que segrega pero conteniendo en su reflejo cada una de las caras. Entre ellos sí existe la correspondencia de la verdad de Wittgenstein, que funda todo el proceso que justifica la mirada sobre la casa. Mientras que el habitar en la casa, es entendido como una actitud vital para la que toda acción es una representación social [12] la filosofía inicial de Ludwig Wittgenstein había sido disuelta ya por la experiencia personal de la potencia del fenómeno de este habitar unitario y simultáneo. La entidad compuesta de habitar y pensamiento marca la unidad casi atómica de la forma y el modo de vida, reconciliando cualidades diferentes en la síntesis construida de ambas esferas de la existencia humana: la acción y el pensamiento, unidos al fin en una casa que recupera el accionamiento del pensamiento al descubrir la anomalía de la liberación del significante para el signo construido de la casa. Así lo evidenciará su contradicción evidente en su filosofía antes y después del acto de la casa:

"Los objetos forman la substancia del mundo.

Por eso no pueden ser compuestos" (2.021)

"La forma es la posibilidad de la estructura" (2.033)

"El signo es lo sensorialmente perceptible en el símbolo" (3.32)

Tractatus Logico-Philosophicus, 1918

vs

"Los objetos, sin embargo, sí pueden ser compuestos.

En los conjuntos de arquitectura, cada espacio,

concebido por separado, se integra de forma bilineal en el conjunto."

Investigaciones filosóficas. 1949

"El trabajo filosófico consiste, al igual que en la arquitectura, en trabajar sobre unos mismo fundamentalmente. En la propia comprensión, en la manera de ver las cosas"

Sobre la certeza. 1951 (inacabada)

Las vivencias descubiertas y encontradas durante el proceso de proyecto y obra amplían tanto la noción que de la realidad tiene Ludwig Wittgenstein, que aquella verdad particular y material que buscaba queda minimizada al extender el campo de búsqueda: la realidad mental pasa a ser, junto con la física, la realidad compleja del mundo. Wittgenstein se encuentra con una realidad fenomenológica en la que los marcos aprioristicos del conocimiento quedan fragmentados en sus límites y se fuerza un cambio en su filosofía que afectará a esa disciplina con la misma radicalidad que separa al Tractatus de 1918 del Investigaciones de 1949, que sintetizaban los principios claros de las dos series de comprensiones que había tenido durante su vida.

La búsqueda de una confirmación de los enunciados del Tractatus -que comenzaba a ser muy conocido entre 1922 y 1925- que en teoría serían de aplicación también a la esfera de la arquitectura, lleva a Wittgenstein a interesarse en el mundo material. Las leyes formativas de la realidad, más complejas que la sucesión de enunciados simples que es el Tractatus, provocan el fracaso de este modelo de explicación de la realidad y su síntesis filosófica. El habitar era considerado como un ajuste personalizado y particular del individuo a las estructuras histórico-sociales concretas de un tiempo, pero la vivencia de la arquitectura amplía esa noción positivista -y carente del disfrute sensual- para hacerlo llegar a todas las esferas de la realidad, tanto visibles como intelectivas; inaugurando un nuevo habitar ampliado para con la realidad perceptible, que la enriquece interpretativamente.

Es evidente, por este enriquecimiento intelectivo, la profunda transformación que sufre la filosofía Wittgensteiniana -desde la persona de Ludwig Wittgenstein- tras la marcha a Cambridge en el 1929 y el nuevo inicio del mismo en el ejercicio de la filosofía. Se abandona la medida de la palabra como retrato de los elementos y relaciones compuestas en el mundo, sino que la palabra es valorada como eficaz por sus múltiples significados. Aunque permanece la importancia del aprendizaje del lenguaje como herramienta técnica del pensamiento, la significancia se toma ahora prestada de la realidad, pero se ofrece a la palabra a partir del uso, según se usa la palabra en su cualificación técnica y operativa. Esto abre la invención de productos propios -personales o sociales- para la explicación y relación de la individualidad con el entorno que lo condiciona y refleja.

Desgraciadamente para Wittgenstein, el descubrimiento de la escala en relación a lo humano, de la sensibilidad de los tipos de luz y a afectación al espacio, de la alteración de la percepción espacial, provocó un giro diametral de su pensamiento. Los límites del pensamiento no son los del lenguaje, sino que el lenguaje cambia y evoluciona para expresar nuevos conceptos o nuevas necesidades [13]; de igual forma, la expresión gráfica cambia para expresar nuevas necesidades a incorporar en los proyectos, y las capacidades materiales disponibles en una época y lugar concreto no limitan el proyecto, sino que es éste el que los hace evolucionar al exigir la deslimitación de los mismos.

Tras el esfuerzo ímprobo del proyecto [14], Wittgenstein necesitó varios años para volver a escribir. Desde su propuesta inicial por la cual la edificación trata de plasmar exclusivamente lo que hay en proyecto, evoluciona hacia una realidad bipolar en la cual la capacidad de proyectar y configurar es algo que se aprende en el hacer, y que queda afectado por ello. Por ello, al levantar la casa agota la construcción física con los principios del lenguaje lógico. En la obra simbólica y técnica que es la arquitectura de la casa, las contradicciones que experimenta dolorosamente el sujeto moderno positivista encarnado en Ludwig Wittgenstein remiten en último término a la separación entre individuo, naturaleza y sociedad; a modo de tricomponente a la par interpretativo, inmaterial y material, que se reconcilian momentáneamente en la confluencia de los diferentes caracteres reconocibles en el conjunto, modos separativos de una arquitectura común cuya complejidad queda expresada en la conjunción de los mismos.

Esta continuidad unitaria, casi panteísta, nos hace superar en la experimentación de la casa no sólo la negación empirista de Hume de la experiencia del vacío [15] sino que su proceso deja sin fundamento una señalada proposición del Tractatus sobre la complejidad:

"Los objetos forman la substancia del mundo.

Por eso no pueden ser compuestos" (2.021) [16]

Esta es la sorprendente y catárquica secuela principal del proceso de proyecto y construcción de la casa para Ludwig Wittgenstein: la experiencia de la entidad física ordenada por la acción artística y técnica -para reflejar un orden ideal y previo- fuerza la apertura de su pensamiento hacia una posición exterior a los principia de la lógica y la razón pura, para seguir desde 1929 con su retorno a Cambridge el camino de investigaciones que culminaría con la publicación póstuma de sus "Investigaciones Filosóficas" en 1953:

Figura del patoconejo, utilizada en los cuadernos azul y marrón, tomada de una iluatración satírica de 1892

"Los objetos, sin embargo, sí pueden ser compuestos. En los conjuntos de arquitectura, cada espacio, concebido por separado, se integra de forma bilineal en el conjunto." [17]

En esta filosofía posterior a la construcción del *palais*, la figura del *patoconejo* representaría una ambigüedad de las relaciones visuales que la representación de lo futurible a modo de cartografía prefijada desde la ingeniería que nacería desde la contradicción que descubriría en este proceso.

COLOFÓN

APORTACIONES AL PROYECTO CONTEMPORÁNEO

LECCIONES DE LA CASA WITTGENSTEIN
PARA LA CALIDAD DE LA ARQUITECTURA

Actualmente, ya bien entrados en el s.XXI, la globalización ha proporcionado a los arquitectos un nuevo reto sobre el que trabajar, y nuevos contextos políticos, económicos y de relaciones en un planeta interconectado conforman nuevos condicionantes a la arquitectura, uno de los cuales es la presencia del espacio más allá de su realidad física.

Las tecnologías de la información y del transporte superponen a él otro espacio, metafísico; el espacio social. En la ciudad y en la red se construye hoy y se proyecta el espacio social, un espacio reflejado mutuamente entre realidad e inmanencia, imbricado con la red, y en cuyo origen nace afectado por los problemas de la población de las sociedades, progresivamente más urbanas. La arquitectura actual no solamente es necesaria como solución para problemas habitacionales, sociales y de transporte, sino que los proyectos habitan progresivamente en una ciudad genérica, que a modo de espacio capaz de coincidencias entre proyecto y obra edificada acoge el espacio ilocalizado de esas estructuras difusas que conforman en la actualidad los flujos de la humanidad.

Diferentes obras y proyectos de arquitectura permanecen presentes y aumentan su presencia dentro de las nuevas redes del conocimiento por una especial relevancia en un momento histórico determinado, o desde su aportación a la resolución de anteriores y actuales necesidades sociales, o –sobre todo- por que las redes actuales también son un reflejo de las glorias y miserias del humano, y el tedio de lo manido avanza impenetrable en todo lo que la masa hace y usa.

En estos años, ya sumidos en pleno s.XXI, en los que la universalización de la arquitectura se ha posibilitado operativamente por el establecimiento de un reflejo virtual de la misma en una red de información que proyecta y construye la ciudad genérica, la atención a la multidisciplinariedad de la disciplina y la profesión de la arquitectura nos fuerza a revisar algunos proyectos inclasificables según las rígidas categorías de la historiografía crítica, entre los que se encuentran aquellos en los que la filosofía ha intervenido en su origen, su condición o su desarrollo.

Tras la superación crítica de los postulados iniciales del Movimiento Moderno, se despertaba una conciencia sobre la experiencia del habitar; tan singular que llega a operar el deseo fundamental del ser y el aparentar como foco de un habitar interior volcado a las leyes del exterior, pero protegido de las condiciones agresivas de las mismas. El nuevo movimiento internacional nacido de ello, el situacionismo, enunciaría la intuición de que la revelación Wittgensteiniana sobre la complejidad de la realidad podría ser un resultado de aquel proyecto que había acabado superando al propio Movimiento Moderno en la década de su nacimiento, años antes de la celebración del primer CIAM.

Esta casa es a la par palaciega y urbana; soñada desde la duplicidad de la relación del exterior y el interior, para hacerse cargo dentro de ella de unos paraísos perdidos –o nunca poseídos- por el propietario, y que se levantan no desde el individualismo que le da forma relacional, sino desde el ser social que hace soñar esa casa. La casa es soñada por su propietaria, y al despertar recorre el largo trecho que separa el resultado físico del sueño que ponía en moviente el proceso de edificar un palacio. La representación de estos sueños, proyección del deseo o de la necesidad personal y familiar, es la materia del proyecto de la casa, un conjunto imbricado de sueños y necesidades que es el motor de un sistema de necesidades que da respuesta a la significación cultural del proceso completo, desde el encargo a Engelmann hasta el edificio finalizado por Wittgenstein. Todos los elementos y estructuras de la casa se conforman para ser un punto de discontinuidad en la ciudad, aunque formalmente no desea manifestarse esa discontinuidad, y en esa contradicción se genera la casa, tanto en la ciudad como hacia su interior.

La casa está proyectada para ser vista, pero desde la inexpuganibilidad de su posición elevada. Esta duplicidad de significados aparta la obra de la *doxa* moderna, y el trato personal de Wittgenstein para con Engelmann, tanto como su intrusión en la profesión, hace el resto para su posterior oprobio. Estamos tras esta investigación lejos de reclamar un papel germinal de la casa *dentro* de la modernidad, pero la casa fue resultado de un proceso secuencial, con principios y ejecución casi tan contemporáneo que parece aventajar a aquella modernidad antes de que

Montaje del hall, estado actual,
foto del autor

finalizara la consolidación de ésta. La lectura transversal de la cultura imperante, la simultaneidad al uso, la multidisciplinar edad de su concepción bien podría situar la casa construyéndose en la Viena de cien años más tarde.

Aunque la valoración de las particularidades de cada situación de proyecto viene resultante de la falta de valores comunes a los que remitirnos -como acuerdo colectivo y conveniado- para fundamentar el grado de acierto de un proyecto es evidente, los procesos creativos refrendados después a nivel técnico y visual desde herramientas de CAD/BIM han generado un nuevo valor común a la acción proyectiva global; dotando a la praxis del proyecto de una entidad dogmática cuya coincidencia de expresión sí conforma una base común al trabajo de gran parte de los arquitectos.

No pensamos todos de la misma forma, pero sí trabajamos todos –casi– del mismo modo, principalmente por la similitud de las herramientas de trabajo. Los actuales medios de expresión para la concreción de la proyección arquitectónica y artística amplían los límites del pensamiento, pues ellos posibilitan una representación simultánea del estado actual y el posterior proyectado, construyendo a la par interpretación y descripción del mundo externo que se presentaba tradicionalmente a modo de realidades diferenciadas. El brusco desplazamiento en las condiciones laborales de los arquitectos durante el último lustro ha provocado la desaparición del delineante, figura entre el arquitecto –desbordado de trabajo- y la representación. La separación entre proyectar y dibujar se hace imperceptible en unos estudios mayoritariamente conformados por arquitectos que proyectan y dibujan en un único movimiento, delante del medio informático, desplazando el dibujo asistido por ordenador (CAD) por programas de proyección real (Software RPS) como es el ya presente BIM Desde la forzada asepsia, casi de laboratorio, de los estudios de los hermanos Perret o de Le Corbusier, el orden mental de la conformación material se ha ido segregando de los espacios de producción física. En el estudio de arquitectura ya no se hacen esculturas para incorporar a obra, pues el orden mental y el físico ya no están yuxtapuestos en un único continente espacial. La objetivización separativa del proceso de síntesis -reglas del juego- del objeto reglado por ese mismo proceso es la condición primera del estudio-laboratorio moderno. La conformación del objeto *"Arquitectura"* en un continente adecuado a dicha recreación, crea la atmósfera límpida para la generación específica de un objeto que es resultado de las herramientas que conforman ese material organizado resultante.

Esta producción segregada, alejada muchas veces del pie de la obra, permite el trabajo de los arquitectos específicamente sobre proyectos de arquitectura, reduciendo las variables de producción de la obra de arquitectura hasta el punto de variables geométricas y gráficas, y con ello facilitando la homogeneización de un modo de trabajo que a partir de la segunda mitad del s.XIX podía llegar a considerarse verdaderamente internacional, y ahora más que en ningún otro momento. Desde Taliesin y hasta el atelier de Van de Velde, en los estudios se produce arquitectura reflejada y literal. Desde Le Corbusier, la arquitectura se genera para lugares y condiciones muy lejanos, modo de producción que la red hoy posibilita con una facilidad suma.

Las actuales posibilidades de proyecto global son aprovechadas por arquitectos de cualquier lugar para aportar proyectos sobre otros luga-

Cuerpo de entrada al palais, estado actual, foto del autor

Detalle del cierre de la toledana en una de las ventanas, estado original, foto Moritz Nahr, 1929

res, eliminando las categorías de la secuencia de proyecto moderno y postmoderno. La separación histórica entre espacio físico y espacio imaginado se hace hoy ininteligible, con tecnologías de la información que superponen al espacio físico un espacio interpretado, soñado, proyectado: un espacio alternativo. Este espacio alternativo, generado por las múltiples proyecciones que la capacidad intelectual y soñadora es capaz de arrojar sobre una realidad -bien injusta, bien manifiestamente mejorable- dirige los caminos de transformación de una realidad hacia otra, pues los flujos humanos fruto de las relaciones globales –económicas, turísticas, políticas- son resultados de nuestras acciones concretas.

Se puede intuir que la aportación más significativa es presentar todo el proceso de la casa como la superposición de una interpretación positivista del mundo con un nuevo marco real fenomenológico. Este proceso operado en *layouts* superpone la rigidez mental y funcional que se ha atribuido a la casa con la experiencia sensual y táctil a la que nunca se ha prestado atención en toda la carga crítica que pesa sobre la casa, y cuya potencia sensorial sorprende al recorrer el *palais*.

El hall desde la entrada, estado actual, foto WHAt

El ascensor desde la zona privada de la propietaria, estado actual, foto WHAt

Esta esforzada transducción entre realidad física y geométrica, investigará la casa como una síntesis fruto de una circunstancial superposición positivista y fenomenológica, superposición que en la anulación de las características propias de cada parte nos descubre la necesidad de abandonar la búsqueda de la verdad única y definitiva, para dejarla en mera categorización de una idea, algo que puede llegar a sucederle a una idea al intentar ser activa más allá de sí misma. En tal caso, y si tal radicalidad en su génesis es cierta, habremos de efectuar una reformulación del status de la casa, ya que se reclama un lugar inalienable para ella dentro de la historia de la arquitectura de la Modernidad.

De igual forma, y a causa de las incorrespondencias intuidas en ella, habría de ser desestimada como el monumento heroico al que la casa se equipara filosóficamente, al ser considerada reiteradamente como una transcripción material de la estructura filosófica del primer Wittgenstein. La casa está llena de incoherencias funcionales y constructivas, y la presentación cualificada de las mismas será una de las añadiduras sobre el compromiso filosófico de la casa. Estas incoherencias la muestran como un objeto mucho más mundano que aquello que tantos discursos filosóficos han dejado sobre la misma.

El hall hacia la terraza, estado original en 1929, foto Moritz Nahr

Puerta con espejo asociado en el dormitorio de la propietaria, estado original en 1929, foto Moritz Nahr

La casa se aparece a los que la estiman como la plenitud del estatismo arquitectónico, una pieza finalizada que congela los momentos de los que la habitan, aunque sea momentáneamente. Sin embargo, la casa se intuye ya desde un primer momento como un marco trascendental para la delimitación del movimiento y los fenómenos; el modo en el que las puertas y las ventanas se accionan y abren, cómo la luz y las apariencias humanas y mobiliarias quedan reflejadas en los solados, el manejo de las puertas y los muros que le dan a la casa una dimensión temporal, efectos que sin embargo han sido desconsiderados al no entenderla como un arquetipo metatemporal. El movimiento es el carácter a añadir a las numerosísimas capas de pensamiento que la casa tiene tendidas sobre ella, pues el movimiento y la transformación es una de las riquezas del proyecto de arquitectura contemporáneo. La casa en movimiento es la casa en uso, acoge la vida y la adapta a ella misma, de una forma radical, pues la delimita.

Esta sensualidad fuerza una recomposición del papel de la actividad filosófica implícita al proceso de proyectar arquitectura; que surge en esta ocasión de la lectura interpretativa superpuesta a la experiencia arquitectónica, no como mero recipiente construido de las estructuras lógicas de su autor, sino como biela externa para la deformación de su filosofía. Esta crítica filosófica ha creado una imagen del filósofo que crea, lejos de una realidad en la que el arquitecto profesional, Paul Engelmann, que fue responsable de un arduo proceso históricamente no reconocido, las más de las veces sólo ha sido descrito por algunos por mero ajuste a la realidad histórica.

La historiografía de la disciplina ha separado radicalmente las arquitecturas construidas de las ausentes, reconociendo la realidad de que el proyecto arquitectónico es un ente que existe aunque sea en una realidad alternativa; construido gráfica y conceptualmente, y cuya construcción física une ambas esferas, ideal y física. La elevación interpretativa de la substancia material que se produce en el proyecto -construido- de arquitectura se realiza mediante un reagrupamiento de partes materiales tangibles, agrupamiento determinado por las coordenadas de la dimensión abstracta del pensamiento, paralela/alternativa a la realidad física común de los mortales. El proyecto queda definido como un puente entre ambas existencias, pues participa de ambas y en su configuración íntima la leyes de cada una se entremezclan, a modo de geometría espacial construida desde lo invisible. El *palais* queda hoy referido en sendos planos intelectivos, pese a que es la referencia del mismo para con su autoría y tiempo lo que cobra mayor presencia en el significado asociado a la obra.

"Acuérdate de la impresión que produce la buena arquitectura; que hace expresar un pensamiento"

> en "Aforismos, cultura y valor" en "diarios secretos", 1914-1916,
> (publicados 1985) de Ludwig Wittgenstein.

10 RETOS AL PROYECTO DE ARQUITECTURA DESDE LAS CASAS DE LA FILOSOFÍA

Ni un arquitecto puede desarrollar un sistema coherente de pensamiento a teoría filosófica completa, ni un filósofo desarrollar un proceso de proyecto que dirija la construcción física construir de un edificio. Pero existe la necesaria hermenéutica entre ambos campos, que enriquece enormemente a ambos. En este recorrido se ha definido la imposibilidad de construir literalmente una idea, forzado enunciado por el propio Wittgenstein, así como la necesidad de la idea como base del proceso de proyecto, pero no un fin en sí mismo. Desde la postmodernidad, con la derivación del enunciado de proyecto desde el discurso arquitectónico a uno intelectual –y todo discurso intelectual si lo aplicamos a un fin arquitectónico se muestra necesariamente pseudointelectual- se empobreció en su finalidad, puesto que el proyecto de Arquitectura nunca acaba por construir un discurso que se haya incorporado como justificación intelectiva de su proceso de proyecto, pues la inspiración debe quedar en todo caso fuera de la justificación del proyecto. Resulta irresponsable que todo un proceso legal y constructivo que implica tal cantidad de recursos como un edificio se quiera hacer pasar –pretendidamente o no- como la mera construcción de una idea. Aún más irresponsable la traslación literal de acepciones artísticas o a un hecho constructivo de amplia trascendencia que debe responder a tal cantidad de exigencias como la Arquitectura, necesariamente inspirada pero lejana de estos intentos falaces.

1.

En la actualidad la profesión se encuentra sin consenso sobre la noción de *calidad arquitectónica*, y aunque es reconocible por parámetros obvios, queda diluida en el ambiente multipolar que, con múltiples orientaciones, nos hace navegar con varios rumbos e intercambiables. Al no tener todos la misma referencia en el mismo norte, el juicio de valor es múltiple para cada demora. En tormenta parecida trimaba Wittgenstein, y decidía fijar su norte en el espíritu íntegro que es la certeza interior de que la *calidad* está en la integridad de la propia obra, y sólo en el objeto de proyecto descubre que puede surgir la *coherencia* íntegra, pues el lenguaje se transmuta desde el objeto existente producto de un pensamiento activador. En una época que trata a los arquitectos como figuras a veces deseadamente prescindibles pero legalmente ineludibles, el empeño personal de Wittgenstein es inspiración de resistencia personal por cuanto esa búsqueda de la perfección demuestra está en la propia obra, en su orden interno, su compacidad y corpus generado, además de solucionar problemas sociales o responder a demandas económicas. No por resolver problemas un edificio es *bueno*. La calidad de la obra viene de la intensidad de la acción, que como categoría aristotélica se encuentra íntimamente vinculada a la pasión como recipiente emocional subjetivo de la modificación material objetiva que es la acción de proyectar.

2.

¿Es menos *real* una arquitectura no edificada? Los concursos de arquitectura, sistema actual de acceso al trabajo para muchos es el menos malo de los sistemas, lo que no implica que sus errores no sean tan injustos como el peor de ellos. Los proyectos son cada vez –tanto en número como en calidad- más gráficos que reales, pero el proyecto redactado como *corpus edificado* en el papel o en el espacio virtual es tan *real* como la más construida de las arquitecturas; incluso está más cualificado para soportar el paso del tiempo y la ausencia física de los proyectos que alguna vez existieron y dejaron de ser físicos. Hay dos principios de proyecto fundamentales que caracteriza el palais frente a las cabañas: el proyectar como proceso y el proyecto como composición de una apariencia en tanto que forma física objetual. Ambos deben inspirar a construir el proyecto más allá de la materialidad.

3.

El *palais*, tan pretendidamente neutro, es adaptable en su vacío, interpretable, con usos justificados en sus propios espacios y su flexibilidad más que en la especificidad ideal de dichos espacios para el uso al que fueron propuestos, tal y como definía Kazimir Malevich, en su *"Die Gegenstandslose Welt"* -trad. "el espacio público hoy"- publicado en 1927: *"Hemos tenido ocasiones suficientes para convencernos de que nunca somos capaces de reconocer una efectiva idoneidad de las cosas y de que nuca llegaremos s construir u objeto realmente idóneo. Probablemente sólo podamos sentir la esencia de una idoneidad absoluta, pero en la medida que esta sensación es siempre anobjetual, esta búsqueda en pos del reconocimiento de una idoneidad en los objetos es simple utopía"*

4.

El *palais* es muy propositivo para las viviendas actuales, siempre necesitadas de investigación no tanto por sus superficies mínimas, sino por la cualidad de los espacios y la relación con el exterior. Los mecanismos sobre los que se establece la vida del *palais* –vida asociada a una familia tradicional con servicio doméstico permanente- de corte histórica con la distribución de funciones, sectorización funcional de espacios y rigidez formal y de uso, están claramente alejados de las necesidades actuales de vivienda y las condiciones personales a las que dan cobijo, cuyas inestabilidades y movilidades nos hacen plantear la formatividad de la vivienda desde condiciones resultantes de la casa: cualidades muy alejadas de la exclusividad de los parámetros disciplinares de la edificación para formalizar las viviendas; como metros cuadrados o el número de baños.

5.

En cada proyecto un croquis iniciático -una geometría depurada en lo borroso del pensar sobre un papel- definirá la propuesta primera, la intención, el ensoñamiento. Desde él y a partir de él, se generará progresivamente el resto de documentos siempre en consonancia con los movimientos del primero. Este primer croquis, que surgía en Engelmann como una sencilla planta aislada, ya tiene cualidades que más tarde el proceso retomaría, hasta acabar conformando algo muy parecido a ello. La información de intuiciones que queda en él será un continuo referente multiescalar que puede dirigir todo el proceso de proyecto en las diferentes fases, pues además de la ensoñación característica también posee rasgos geométricos que gradualmente se incorporarán aún inconscientemente, por lo que el croquis inicial debe tener la dignidad del final del proceso.

6.

La planeidad de la información, superpuesta y liviana, superpone hoy imágenes de proyectos con la multiplicidad de la fugacidad de la inestabilidad de lo que vemos. Existe hoy un exceso de esa arquitectura que vive en el fogonazo brillante de su presencia eventual. Es una imagen cuya acumulación respecto de otras deja el poso de las caricaturas de lo que potencialmente podrían haber sido. Es una arquitectura que se deja dominar por la presencia pública hasta una operatividad mucho mas profunda que la mera publicidad de autoría, una arquitectura con ausencia de carácter y desde la que no cabe sino el olvido. Contra esta atonía de contenidos, el proceso, resistorio y enconado de las cabañas y del *palais* no puede hacer sino sentar las bases de situaciones anteriores y pasadas, colchón de próximos encuentros con la enconada realidad subyugante y recalcitrantemente olvidadiza.

7.

El *palais* es una oportunidad para un reencuentro con la arquitectura que avanza en grupo, que lejos de mirarse solo hacia si profundiza en cada decisión de proyecto como un intento de acierto coherente entre materia y concepto, y que suma al común estadio de los aciertos que son de todos. Una casa cuya excepcionalidad, que la ha mantenido en pie, no se debe a su talento individual, sino a una atención a las generaciones anteriores que forman el ciclo eterno del tiempo al que se suma. Es una casa cuya convencionalidad es leída como una excepción a las reglas sociales del habitar y, que al intentar huir de su tiempo, se ancla al mismo desde la radicalidad de la visión que del mismo provoca. Es una casa con arquitectura, cuya deslimitación económica inspira una posibilidad abierta de fundir en un solo objeto mercado y objeto, cuya disección corre divergente desde que la táctica del mercado es representar el mundo y evitar así que la arquitectura encarne al mundo. Es una casa que no pertenece al mercado, sino que es desde y en el mundo. Una arquitectura de vivienda no vividera, lejana a la casa pero cercana al habitar doméstico.

8.

Las cabañas de Skjolden y Todtnauberg evocan un habitar trascendente más allá de los sentidos y las medidas de lo existente, requiriendo del esfuerzo intelectual para la vivencia de un habitar enriquecido. Son espacios en los que ambos pensadores establecieron caminos muy diferentes de la filosofía, que quedaron en confluencia pasada la primera mitad del siglo mediante la superación del estructuralismo –en el caso de Wittgenstein- y del positivismo –en el caso de Heidegger- que quedó trascendido en el *palais*, una obra que nos inspira hoy a recuperar la radicalidad de un positivismo arquitectónico marco del progreso, el orden y la familia, que será el marco para la evolución de la vida urbana con la mirada puesta al habitar existencial y sostenible de la vida sencilla y rural de la cabaña que habita el paisaje como el filósofo piensa en la arquitectura.

9.

Aunque la tentación de fundar todo proceso de proyecto en la translación literal de una idea, un sistema de pensamiento o una inspiración pasajera es evidente para el arquitecto, el intento del *palais* clarifica la imposibilidad de considerar estos argumentos como finalidad del proyecto. Una de las dificultades más relevantes del proceso de proyecto es establecer una doble consideración respecto de estos argumentos, pues han de ser por una parte la base direccional del proceso, pero han de permanecer también alejados de la toma de decisiones técnicas específicas, que enriquecen, pero no condicionan. La justificación no podrá, nunca, condicionar la resolución.

La cabaña de Wittgenstein reconstruida en Skjolden en 2019, foto de Jon Bolstad

10.

La carga intelectiva de estas obras de especial relación con el pensamiento ha alterado la valoración de las mismas hasta elevarlas a una categoría monumental. La consideración como patrimonio, bien arquitectónico, bien cultural, de la arquitectura de la modernidad ha pasado por la consideración de la misma como elemento insoslayable de la relación con la representatividad de un momento histórico. El hecho de ser una obra de Ludwig Wittgenstein hizo que varios arquitectos jóvenes alzaran la voz en 1971 ante el riesgo inminente de derribar el *palais*, valorado por su autoría, revalorizado después por la historiografía debido a esta especial intimidad del mismo desde el pensamiento.

Sin embargo, la intervención de conservación de la cabaña de Heidegger en Todtnauberg, cuya conservación ha ocurrido evidentemente por el uso que de ella dio Heidegger, ha alterado la entidad de la misma por

La reforma de la cubierta de la cabaña de Heidegger en Todtnauberg, foto de Alfred Munn

la incorporación de una cubierta muy desafortunada que ha alterado la integración original de la misma en la ladera, imponiendo una tectónica extrañada respecto a los materiales –textura y tono- del lugar. Aún más extremo ha resultado la reconstrucción de la cabaña de Ludwig Wittgenstein en Skjolden, que fue desmontada en 1960 y reconstruida parcialmente en el núcleo urbano, y que en 2019 fue reconstruida, con ajuste a su proyecto original y con parte de sus materiales originales, decisiones ambas discutibles pero que han posibilitado la conservación –si no reconstrucción- para permitir la visita por motivos culturales.

NOTAS

PARTE I. FILOSOFÍA Y PROYECTO DE ARQUITECTURA

¿POR QUÉ LA FILOSOFÍA ESTÁ EN LA BASE DEL PROYECTO DE ARQUITECTURA?

[1] El desfase entre las aproximaciones de Le Corbusier y la filosofía estructuralista era entonces tan abrupto que dicha falta autolimitaba la justificación filosófica del mismo. Esto ya no ocurriría más tarde con Vattimo y Deleuze, que surgen de un situacionismo más que superado y asimilado. El camino de los exploradores siempre tan lleno de incertidumbres y problemas.

[2] Como bien auguraba Peter Sloterdijk en el *"desprecio de las masas"* según su expresión *"eliminar lo que te hace no sobresalir"*

[3] Más que la propia edificación de la casa en sí misma, que como proyecto fijado en una fase ya concretada pierde la mayor parte de su potencia visual y creativa.

[4] Desarrollada, no obstante, con una libertad creativa sin límites monetarios o materiales

[5] La adaptación al entorno físico y cultural es sintomática de las relaciones que la Arquitectura, presente ahora en el mundo y no como mero soporte, necesitaría establecer con la ciudad desde entonces.

¿POR QUÉ CONCRETAMENTE LA CASA WITTGENSTEIN?

[1] De hecho, la interpretaciones más abundantes dentro de la crítica sobre la casa, tan multidisciplinar, son aquellas que explican la casa como una transducción literal mediante representación de una serie de enunciados del *Tractatus Logico- Philosophicus*.

CONTEXTO

[1] Aunque la arquitectura realmente necesitada de investigación y evolución era la residencial, dadas las pésimas condiciones de vida de las masas obreras, tras la 2ª revolución industrial la falta de "estilo" seguía siendo el principal motor de búsqueda (que no investigación) arquitectónica

[2] Las entidades de ciudad superaban ya con creces los límites de la disciplina del beaux-arts, por lo que la infraestructura, las instalaciones y los flujos de transporte pasaron a pesar mucho más en la toma de decisiones que el pseudoestilo al que sumar cada edificio.

LA VIDA IMBRICADA CON EL ESPACIO

[1] Se crean espacios independientes para sectores de vida independientes. La unificación de los ámbitos y su superposición en Le Cabanon de Cap Martin responde a una riqueza de relaciones vitales impracticable para la alta burguesía vienesa.

[2] Cuya riqueza y autorepresentación es el signo formal de la inmanencia de la familia.

[3] Carta de Bertrand Russell a Ottoline, en *"Ludwig Wittgenstein: el deber de un genio"*. Monk, Ray

[4] en "Familienerinnerungen" Wittgenstein, Hermine, (capítulo V) escritos en 1945 y editados al inglés en 1996 en Viena por Brian McGuiness.

[5] en "El sobrino de Wittgenstein" de Thomas Bernhard.

UBICACIÓN Y LIBERTAD

[1] la relación entre la cabaña y Heidegger difiere según diferentes investigaciones. Mientras unos definen que fue su esposa, Elfride, quien se la regaló en 1922 para que pudiera apartarse a trabajar; otros sostienen -erróneamente- que fue una prebenda de la Universidad de Friburgo por el cargo de Rector -que sin embargo ocupó únicamente de 1933 a 1934-. Está plenamente acreditado que su célebre obra *Ser y Tiempo* fue escrita allí.

[2] Ver escritos de Trackl, Loos o R.M. Rilke; pinturas de Kokoschka y esculturas de Ernst. Esta decepcionante imagen de la ciudad, muy en contraposición con el *Establishment* austríaco de finales del XIX, fue sin embargo utilizada reiteradamente por la doctrina nacionalsocialista, en oposición a los términos positivistas originales del *Establishment*. También en Bernhardt, Thomas "El sobrino de Wittgenstein"

[3] fragmento del texto "¿Por qué permanecemos en la provincia? De Heidegger, 1934.

[4] otras cabañas de especial resonancia cultural al estar habitadas por creativos de diferentes campos, como los compositores Edvard Grieg y Gustav Mahler, los escritores George Bernard Shaw y Virginia Woolf, el cineasta Derek Jarman, o el explorador y escritor Thomas Edward Lawrence. De especial interés el catálogo de la exposición "cabañas del pensar" un recorrido por los espacios en los que filósofos y creadores del se retiraban para trabajar, pensar y crear.

[5] en *"Construcción de ciudades según principios artísticos"* Sitte, Camilo.

[6] Asignatura de primer curso en la academia privada de arquitectura de Adolf Loos.

[7] Sobra decir que finalmente sus opiniones no fueron tenidas en consideración por parte de Margaret y Ludwig Wittgenstein.

[8] La Parkgasse, cuya urbanización hasta el límite sur corrió por cuenta de la propietaria, fue forzada en su rasante para dar acceso a la casa de tal modo que aún hoy la calle es un fondo de saco acabado en unas escaleras, único modo de salvar la fuerte pendiente.

[9] En términos de procesos clásicos Parcelación-Urbanización-Edificación.

[10] La parcela original ya tenía parte del arbolado que fue trasplantado durante las obras.

[11] Sin embargo, la casa estaba ya muy definida cuando Ludwig Wittgenstein se incorpora al proceso, como ya hemos visto.

[12] Notas al respecto en los capts. 3 y 5 de *"Los cuadernos azul y marrón"*

[13] Aunque la casa surge como un *"objet-trouvé"* dejado sobre una superficie; la realidad muestra una casa fundida geométrica y funcionalmente con la plataforma que genera su posición.

[14] El *Flat Iron* de Nueva York, o el mismo edificio de la *MichaelerPlatz* de Adolf Loos (los almacenes *Goldman&Salatsch*)

[15] Siguiendo la tradición Vienesa que aún perdura, las propiedades eran denominadas por la calle y número, de forma que el *palais* no era conocido como *"palais Wittgentein"* sino como *"Kundmanngasse19".*

LA REPRESENTACIÓN DE LA REALIDAD

[1] Aunque quede fuera de los objetivos y extensión de esta investigación, el cambio es evidente y reconocido en tantas otras investigaciones.

[2] Los términos clásicos en torno a la verdad particular *veritas* se producen, desde *la República* y hasta la *Crítica de la Razón Pura* como un ajuste entre la realidad comprensible y la esencia universal contenida en ella, y de la que es síntesis particular.

[3] Durante la construcción de la casa, en el verano de 1927, Wittgenstein realizó una escultura, un busto femenino, "cabeza de mujer joven" pero el resultado fue, para él, "detestable" Wittgenstein, Hermine, Op. cit.

[4] Por otra parte, surgirían infinitud de decisiones que se suplen durante la escrupulosísima dirección de obra que realizaría Wittgenstein.

[5] Excepto por la ausencia de capa de recubrimiento en el interior.

[6] La inestabilidad de los dibujos de la Sota o de Siza es coherente con los momentos mentales en los que se desdibuja el proyecto antes de dibujarlo

[7] Durante el muestreo, de 25 medidas horizontales y verticales, en Diciembre de 2009, solo una de ellas mostró un error menor de 1 cm, en la sala de música, debido seguramente a la obra realizada en 1976 para conectarla con el salón.

[8] Sería este un interesantísimo tema de tesis para algún doctorando en filosofía, pues aunque se ha intuido en numerosas publicaciones, no se ha investigado específicamente y queda lejos del objeto de esta tesis.

[9] *"Bueno, Dios ha llegado. Lo encontré en el tren de las 5:15"* Comienzo de una de las cartas de Keynes a Lidia Lopokva, alumna de ambos. 18 de Enero de 1929, al describir el regreso de Ludwig Wittgenstein a Cambridge, de donde no regresaría.

PARTE II. REDUCCIÓN DE ELEMENTOS

PROCESOS DE PROYECTO. NEUROSIS Y ESQUIZOFRENIAS

[1] Director y fundador de *"Die Fackel"* –la antorcha, una revista progresista radical- en 1899, y que fuera el que presentaría su editor a Wittgenstein, que posteriormente publicaría el *Tractatus.*

[2] *Die Fackel*, segundo número, Otoño de 1899.

[3] Wittgenstein y Loos se conocerían en 1914.

[4] En Loos, Adolf "*Architektur*", 1910.

[5] Loos, Adolf. Óp. Cit.

[6] Aparece el primer dato dimensional: 237 m2 de planta.

[7] En teoría, la versión undécima de su proyecto

[8] Tal vez Jaquín y Boaz, en clara referencia al Antiguo Testamento.

[9] Se desarrolla técnicamente una versión no definitiva para Engelmann, que tenía línea de evolución para continuar con la búsqueda de este proyecto, por otra parte firmado el 3 de Junio de 1926.

[10] De ahí las medidas fraccionarias de plantas, con distribución de huecos a 211 cm, o luces de 434 cm.

[11] Según la terminología Kantiana definida en "Crítica de la Razón Pura" 1787.

[12] Propuesto en la valoración aritmética lingüístico - matemática enunciada por el propio Wittgenstein.

[13] Llegar a este punto, absolutamente teorético, es la función ultima de toda su filosofía... hasta el proyecto de la casa para su hermana.

[14] Subirats, Eduardo *"la agonía del objeto"* art. en *"linterna mágica"*.

[15] Surge aquí la referencia inevitable a su aseveración sobre *"la escultura esta bajo el material sobrante"* (notas sobre *la Pietá*, Álvaro Siza sobre la exposición de la Pieta en la Borghuessi)

[16] El proyecto ejecutivo, contra lo que hacemos hoy, era una descripción de sistemas y costes sobre los planos acotados con inserción de estructura, por lo que la figura del redactor era casi imprescindible durante la dirección de obra.

[17] Se eliminan dos tabicas de las cuatro escaleras de acceso: dos terrazas, la principal y la de servicio. El semisótano se retunde aún más.

[18] los dormitorios estarían en la planta primera, confusión acontecida por la utilización simultánea de "WohnZimmer" en ambas estancias.

[19] En *Baudrillard, Jean "El sistema de los objetos". 1968*

Las cursivas y entre comillados son originales. Aunque Baudrillard tiene en mente las casas de Le Corbusier, queda patente la desestructuración llevada a cabo sobre la arquitectura tradicional por al modernidad y sus aledaños.

[20] De hecho, las interpretaciones más abundantes dentro de la crítica sobre la casa, tan multidisciplinar, son aquellas que explican la casa como una transducción literal mediante representación de una serie de enunciados del *Tractatus Logico- Philosophicus*.

KITSCH Y MOBILIARIO

[1] Aunque finalmente fue contagiada Margaret por la misma animosidad. Hermine Wittgenstein, Op. Cit.

[2] Ambas estancias se relacionaban a través de un diván realizado como un elemento mobiliario, que hoy ha desaparecido.

[3] No es una cultura japonesa, al fin y al cabo.

[4] Habríamos de recordar el intento de decorar la vida social y personal en el ensayo "pobre hombre rico" de Adolf Loos.

[5] No consta ninguna relación entre ellos ni visitas a Viena desde Paris tras la construcción de la casa.

[6] que son meros incandescentes.

[7] Escenas alejadas de la vida real pero justificadas por el supuesto tiempo pasado en el que tuvieron lugar, siempre de un bucólico origen rural.

[8] Aún hoy existen imitaciones de plantas en material plástico, que además de a Herman Broch (autor de *"El Kitsch"*) provocarían las nauseas mentales a muchos.

[9] Benjamin, Walter. *"La obra de arte en su época de su reproducibilidad técnica"* 1936

(las palabras en negrita coinciden con las cursivas en el original).

[10] Idea que valoriza el esfuerzo de todas las colecciones de los museos arqueológicos y arqueo gráficos.

EL COLOR

[1] Colores de la casa en el estado original, pues en la reforma de 1976 todo fue neutralizado en blanco, excepto ciertas habitaciones de las plantas superiores y muestras en la planta principal.

[2] Que son múltiples si las estancias permanecen abiertas al hall.

[3] Elementos de interfaz con el usuario, táctiles y practicables.

[4] Carta de Heinrich Postl a Bernhard Leitner, 30-Septiembre 1972.

[5] Aunque Wittgenstein en ningún caso se sentía ligado con la profesión ni con todas los dogmas del movimiento moderno, la relación con Loos era evidente, no sólo personalmente, sino a través de Engelmann.

[6] Todo ello se perdió, también, por el repintado de la casa durante la rehabilitación de 1976.

[7] Excepto los interruptores de la instalación de iluminación, que también diseñaba específicamente.

[8] Subirats, Eduardo *"la agonía del objeto"* art. en *"linterna mágica"*.

[9] En un sentido opuesto al del "Raum-plan" de Adolf Loos que opera por suma de las partes del programa y conexión entre ellas.

[10] Sobre esta cualidad nos referimos ya al conjunto de la casa, no únicamente a la planta principal.

[11] Basada en una rigidización personal de la transcripción material del grafismo de proyecto.

EL MATERIAL

[1] Personas pertenecientes a una clase baja a las que detestaba desde la experiencia con los soldados en la Guerra, no por razones económicas sino de honor, pero a los que intentaba sin embargo adoctrinar.

[2] Y visible sólo sobre la muralla blanca que la protege de la ciudad.

[3] Su carácter industrial, en suma.

[4] Como ya se ha definido, para evitar accidentes en la comunicación con la zona de acopio de la casa.

[5] Curiosamente, la propietaria nunca hizo publicidad de su casa ni permitió la publicación. Hermine Wittgenstein, Op. Cit.

[6] los muros de la casa de ladrillo de 1923 levitan en su arranque en sombra, los de las casas patio por la tectonica artificial que muestra las superficies como planos estructurales porticados con añadidos superficiales.

[7] Martin Heidegger "Conferencias y artículos" Ediciones del Serbal, España 1994.

LA LUZ

[1] La villa del Lido, de 1923, fue especialmente criticada por la prensa progresista siendo presentada como una "arquitectura africana".

[2] Situadas tan cerca del techo que no usan éste siquiera como pantalla de reflectora o difusora.

[3] No se han conservado modelos originales pero quedan en las fotografías de época.

[4] Carta de Margaret a Ludwig, 6 de Junio de 1929.

Recogida en Hermine Wittgenstein, Op. Cit.

[5] El ámbito del grosor de la cámara formada por las *puertaventanas*.

[6] Situación que se da casi permanentemente durante el largo otoño e invierno vienés, en el que la luz exterior no desaparece pero tampoco puede ser fuente exclusiva de luz para los espacios interiores.

PARTE III. RELACIÓN DE SISTEMAS

MEDIDAS Y PROPORCIONES

[1] Arquitectónicamente, la precisión se expresa por la coherencia entre la medida grafica y la real, en términos muy similares a la tolerancia. Lingüísticamente, por la conexión entre significado y significante en términos de coherencia simbólica.

[2] en Hermine Wittgenstein, Op. Cit.

[3] Uno de los caballos de batalla de Otl Aicher en sus artículos sobre la casa, en los que defiende su integridad formal frente a la visión que de ella había dado la crítica hasta los años 90.

[4] Para una parte de la crítica, que ha querido mostrar una casa a modo de monumento heroico, la casa ofrece la impresión, claramente ficticia, de que se hubiere alcanzado una de las cumbres secretas de la arquitectura: reunir materiales del mundo y organizarlos según un principio elevado que produce, como resultado, un espacio, además, para preservar la pureza, hay pocas superficies de contacto con la persona –interfaces- pero sólo las manivelas y los pomos de las toledanas tienen superficies curvas no dañinas.

[5] Ya veíamos que la continuidad entre interior y exterior es uno de los motivos de elección material en la construcción.

[6] La simetría en alzado de la planta principal sería posible para individuos de más de 2,05 m de altura.

[7] En clara referencia al modo de operar basado en un pensamiento analógico, contra el pensar digital que algunos autores como Aicher han atribuido a la obra.

[8] Por lo que la simetría en altura de los 3.20 miesianos de tantas obras es imposible salvo para personas de más de 2 metros de talla.

[9] En realidad, apenas se hace eco de lo que acontece en el interior, haciendo de las superficies exteriores planos homogéneos que normalizan la heterogeneidad del interior.

[10] La ubicación original del palais, en el interior de una manzana, era del desagrado del marido de Margaret pues la casa no se vería desde la calle.

[11] Sólo el núcleo de comunicación vertical los pone en común, ni siquiera los tendidos verticales de instalaciones.

[12] Veremos que la creación del signo-casa ha venido resultando de la construcción de la misma como símbolo social, más que como representación de ella misma.

[13] Modo de operación del exterior al interior del proyecto de Paul Engelmann.

[14] Modo de operación inverso al anterior; de Ludwig Wittgenstein.

[15] Medida relativa de los elementos puestos en relación unos con otros.

[16] La arquitectura es proporción. Ésta hace al material superar una mera organización de ingeniería.

[17] En los términos expuestos en "Analógico y digital" (2001) de Otl Aicher lo digital es un valor absoluto expresado mediante una cifra total, cerrada e inerme a la realidad a lo que ofrece medida.

[18] Con similares términos de la misma obra de Aicher, lo analógico depende de los conexo y referencial. Aicher, Otl, *Op. Cit.*

[19]. Wittgenstein, Hermine, *Op. Cit.*

[20] Prop 88 del *"Investigaciones Filosóficas"* de Ludwig Wittgenstein

[21] El proyecto es una realidad técnica apartada de la realidad de la dirección de obra, que Ludwig Wittgenstein acometía viviendo en la obra durante dos años y fijando decisiones *in situ* conforme avanzaban los trabajos; esto es, como un artesano.

[22] Como si de un metro variable se tratara, que se alarga o acorta según la medida de lo medido.

[23] Traducción del autor desde la transcripción inglesa. El subrayado equivale a lo anulado en el diario original. *diarios filosóficos* (libros 1930-1932) escrito del 24.10.1931

[24] Proposición 2.1512; *Tractatus Logico Philosphicus* Ludwig Wittgenstein (las cursivas son del original, presentes en la traducción).

LA ESTRUCTURA

[1] Casa de campo con muros de ladrillo, de 1923. Prestar atención en esta casa al retundido en el arranque de muros, que aunque altera la sección resistente provoca una línea de sombra que hace levitar los muros de la misma forma que el espacio entre las diferentes plantas de la torre del BBVA de Oiza en Madrid. los muros de la casa de ladrillo de 1923 levitan en su arranque en sombra, los de las casas patio por la tectónica artificial que muestra las superficies como planos estructurales porticados con añadidos superficiales.

[2] Proposición 2 del capitulo V del *"Investigaciones Filosóficas"* 1949, publicado 1951. ver " *La casa de un solo muro"* de Adolf Loos.

[3] Debido a la solución de continuidad de los tendidos superficiales entre interior y exterior.

[4] No es una indiferencia procesal, sino que la corporeidad viene relegada a un papel de formalizador de un espacio ya propuesto. Esto es un ejemplo mas del esfuerzo de Wittgenstein en reducir la realidad a una serie de enunciados fundamentales, intuyendo que la arquitectura es relación y materia.

[5] La arquitectura del modernismo establece en la diferencia entre el interior doméstico y el exterior amenazante la dicotomía fundamental del trabajo en superficie.

[6] La disociación del continente y el fluido contenido tiene su refrenda física según las teorías de hiperdeslizamiento magnético para gases contenidos magnetizados.

[7] La casa fue vivienda (1928-1943) hospital de campaña (1944-1945) cuartel de caballería (1945-1948) y vivienda de nuevo, hasta 1971, cuando es adquirida para usos culturales. Solo la adaptación a centro cultural ha supuesto alguna modificación en su distribución.

[8] Al igual que el ballet triádico de Schlemmer es a la par pictórico y escultórico.

[9] Benjamin, Walter. *"Discursos interrumpidos"* 1936. La ciudad burguesa aquí actúa a modo de un gran hermano de millones de ojos.

RELACIÓN INTERIOR-EXTERIOR

[1] En el proyecto original el actual volumen que contiene la puerta del acceso principal era un chasis pseudoestructural soporte de un cierre vidriado, a modo de una excrecencia de alguna de las cerrajerías del resto de la casa.

[2] Hay tantos pasos previos para llegar a la planta baja, con tantos planos fundamentales –calle, acceso, jardín, entrada, hall- que cuando llegamos no recordamos lo ascendido.

[3] Tanto el horizonte inestable inferior como el horizonte hiperestable superior no están presentes en el resto de las plantas que, como en tantas otras ocasiones, parecen estar ubicadas aquí por una necesidad evidente, estando casi fuera del proyecto.

[4] Las especies arbóreas del jardín son de mucho porte, lo que determina que sólo sean percibidas en una parte de las mismas, eliminando desde el interior la visión del árbol completo.

[5] Coincidencia estricta que Wittgenstein mantenía con la Iglesia católica, con la que a lo largo de su vida mantuvo una extraña relación de dependencia y desazón. 213

[7] Como en tantas otras tipologías, caso de haber sido posible el servicio se hubiera colocado en el exterior.

[8] Tal y como ocurre en el Kärntner Bar (o American Bar según su tipografía de fachada y su estructura con barra) o en el edificio de la Michaelerplatz, de Adolf Loos, y que le costaba más de una discusión con Ludwig Wittgenstein (Hermine Wittgenstein, Op. Cit.)

[9] Para ver varias veces lo mismo, en definitiva.

[10] En especial el retrato de los propios espacios de la casa, como ya se hace referencia en el mobiliario; pues Hermine gustaba de regalar a su hermana Margaret multitud de dibujos de la casa -que sin embargo Wittgenstein ya no estaba para denostar-.

[11] La propietaria agolpaba todos esos recuerdos banales y presentados en retratos y fotografías en una pequeña sala del sótano, fuera de la vida social de la casa

[12] clara alegoría al despertar y el renacer de lo natural y los ciclos temporales del eterno retorno.

TRANSICIONES

[1] Aparte de esos modos está la doméstica puerta de paso metálica y las dobles ventanas de vidrio con apertura en el mismo sentido, hacia el interior, de las plantas superiores privadas.

[2] Llamadas desde entonces en la industria decorativa de la Wiener Werkstate –aún vigente- como "tipo Wittgenstein".

[3] Pues están colocadas a 90°.

[4] *Spagnoleto*, en planos técnicos originales.

[5] Hermine Wittgenstein, Op.Cit.

[6] Técnicamente era posible producir superficies de vidrio mucho mayores, como en la sastrería Knize, de Loos en Viena, v.gr.

[7] Efecto muy evidente en especial cuando existe una luminancia similar en el interior y el exterior, ocasión concurrente gran parte del otoño e invierno en Viena.

[8] *"No soportaba aquellos vidrios que reflejaban el interior"* Hermine Wittgenstein, Op.Cit.

[9] No tanto en sus cualidades organolépticas –que son alteradas con el tiempo- sino en la percepción que tenemos del mismo.

[10] en Shar, Adam "la cabaña de Heidegger, un espacio para pensar".

ENCUENTROS Y DETALLES

[1] Las manivelas, los mecanismos interiores de las cerrajerías, los cierres "a la toledana" de las puertaventanas, las bisagras...

[2] En último término es una idea bien desarrollada como carácter sistémico del desarrollo y fijación de la misma.

[3] Por supuesto, los detalles que quedan a la vista son sin embargo muy característicos y la casa se puede reconocer por ellos.

[4] Aunque en este caso las posibilidades industriales fueran casi ilimitadas.

[5] En realidad, no hay detalles constructivos en el proyecto del *palais*, salvo una referencia a los escalones y al ascensor. Eso sí, toda la casa se dibuja como un gigantesco detalles.

[6] Que trabaja sólo en un recorrido de ida y vuelta sobre la línea establecida como certeza científica en un campo concreto.

[7] Engelmann no había realizado nunca una obra de esta envergadura y Wittgenstein no tenía formación específica.

[8] De carácter historicista aunque ciertamente asignada a un producto exacto de Engelmann.

[9] Pero que han de permitir la ventilación para evitar condensaciones. Estas toledanas o *spagnoletas* están presentes en las salas que dan a ambas terrazas excepto las que abren al hall.

[10] Durante el tiempo que estuvo vacía, la casa fue asaltada y sólo quedan pocas manivelas y guillotinas originales. Se ubicaron copias de la misma, pero al producir éstas mediante un curvado sencillo del perfil tubular, poseen un acortamiento de la sección en el interior de la curva que las diferencia, claramente, del original. Sin embargo, los mecanismos interiores sí son los originales, continuando su uso excepcionalmente suave.

[11] Algún elemento más hay, para el manejo de cerrajerías de los espacios de servicio de planta

LA MANIPULACIÓN, LA INTERFAZ

[1] Y la decoración añadida, aunque no tenga función anamórfica.

[2] Que se produce con mobiliario de diferente origen y condición, pero que siempre estará separado del espacio de la casa en sí.

[3] *"Ludwig odiaba las cortinas, pero necesitaba apaciguar aquella luz excesiva de verano, por eso ideó aquellas cortinas hechas de hierro"* Hermine Wittgenstein, Op. Cit.

[4] Éste es el único lugar en el que se mantienen en uso, sólo quedan 6 en la actualidad. Resulta, en todo caso, imponente el hecho de manejarlas con una sola metafalange.

[5] *"Las cortinas de metal se elevaban sin esfuerzo alguno. Sólo con una mano a cada una.."* relato de Heinrich Postl, empleado de la casa durante más de cuarenta años, entrevistado en 1972.

[6] Esto es, la dimensión exacta de las *"puertaventanas"*. Tiene una proporción ancho/alto de

9/1, muy similar a los 10/1 de los paños de vidrio. La diferencia se encuentra en el sobreancho del través inferior de las puertaventanas, más ancho que el resto, por motivos obvios de limpieza y protección.

[7] Nos referimos, como no, a la planta baja. El resto de plantas usan cerrajerías sencillas.

[8] No según la distribución de pesos en una carpintería practicable, que establece que 2/3 del peso descansa en el tercio superior.

[9] Realmente tiene cinco milímetros menos.

[10] Wittgenstein, Hermine, Op. cit.

[11] Wittgenstein, Hermine, Op. cit.

[12] Pues no hay madera en su interior, excepto en un pasamanos de descenso al sótano.

[13] La tolerancia al error entre la geometrización métrica y su trasposición a la realidad tenía que ser, sencillamente, perfecta. La industria no estaba preparada para ello.

LA HABITABILIDAD

[1] Fue la única sala en la que Wittgenstein permitió la "excrecencia" de decoración para permitir una acústica no tan reverberante como en el resto de la vivienda.

[2] Hermine Wittgenstein, Op Cit.

[3] Cerramientos de 40 cm. macizos en los que sus funciones quedan confiadas en la masa de los mismos.

[4] Realmente, es casi un estucado de acabado granulado.

[5] En la actualidad en zonas de mucho tránsito es casi especular.

[6] Según el Dr. Karl Neubach, de la oficina de preservación y restauración del patrimonio, un antiguo trabajador de la casa, Heinrich Postl, lo relataba en los años 70.

[7] Fundamento como es de la disociación del espacio físico y su percepción, como se verá en capítulo posterior.

[8] Las puertas de paso son un laminado doble metálico con alma de madera.

[9] Como ya se refleja, la sala de música era la única revestida con elementos superficiales.

[10] Pues la persona afecta al material en la misma medida que ocurre al contrario.

[11] En el que el habitante se encuentra sumido inexorablemente.

[12] Hermine Wittgenstein, Op Cit.

[13] Existe una radical separación entre el exterior y el interior; discontinuidad que no existe en la heterogeneidad continua de la distribución de funciones de su interior.

LA REPRESENTATIVIDAD

[1] Interpretación del sistema global (tipología, planta, funciones) y de los elementos (accesos, recorridos, usos).

[2] Comienzo del capítulo 3º de *"Contingency, irony and solidarity"* de Richard Rorty.

[3] La vivienda sobre la "muralla" urbana, el vacío central del hall, la falta de mobiliario, el paseo hasta entrar a la vivienda...

[4] Como hemos visto, el programa es una síntesis física para dar cabida a la vida social de la propietaria, relaciones a las que se adapta la casa, y no en un sentido opuesto, pese a la posibilidad del vacío de la misma.

[5] El edificio de la *"Sezession die Arkitektur"* es el denominado *"Ver Sacrum"* en el Ring vienés, proyectado por Josef Maria Olbrich en 1898 y construido entre 1899 y 1902.

[6] Calificada así por un amigo común de Wittgenstein y su hermana en una carta de 1930.

[7] Concepto referido a un modo de actuación en todas las escalas de la actuación proyectiva, "obra de arte total".

[8] Símbolo, en definitiva, de valores contrapuestos a los que permitieron que llegaran a dicho nivel económico.

[9] Las condiciones de las altas clases vienesas, aunque lejanas en espacio, fueron, como tantas otras, magníficamente enunciadas por Thorstein Veblen en 1899 en su "Theory of the Leissure Class".

[10] En *"Manierismo, arquitectura moderna y otros ensayos"* Rowe, Colin.

[11] Rowe, Colin. Op. Cit.

[12] La casa histórica es representativa del individuo al que conforma, la moderna no, pues trata de ser reflejo de la posición de su propietario.

[13] Enunciada por Husserl de un punto de vista de la experiencia individual, uno de los puntos fundamentales para la evolución del estructuralismo.

[14] Cuántas veces hemos de dirigirnos al Norte para ir al Sur.

[15] Benjamin, Walter. *"Discursos interrumpidos"* 1936.

[16] La ciudad burguesa aquí actúa a modo de un gran hermano de millones de ojos, según intuiciones de Benjamin. Benjamin, Walter, Op. Cit.

[17] Objetos, sin embargo, realizados con metales preciosos de los que Margaret Stonborough-Wittgenstein era una ferviente admiradora y coleccionista.

[18] Si bien sería interesante una nueva realización de la misma al modo en el que Menard intentaba escribir de nuevo *El Quijote* sin copiarlo.

[19] Que como veíamos funda el programa de necesidades de la casa, y con ello da forma y medida a la planta principal.

[20] Este habitar en solitario queda marcado en el ensayo de Aicher sobre la casa (incluido en *"Analógico y Digital")* liberando la experiencia estética de la praxis social, para apartarlo a la periferia de las categorías vivenciales del sujeto.

[21] Sorprendente el hecho de que una niña dibuje –su primera vez- una casa como un alzado simétrico con cubierta a dos aguas; sin haberla visto de tal modo representada nunca.

[22] Según descripciones y valoraciones de Hermine Wittgenstein en sus "diarios de familia".

[23] Sólo se mostraba parte del jardín y la planta baja, y no al completo.

EL TIEMPO

[1] Heidegger, Martin *"el concepto de tiempo"* 1924

[2] Además de un mobiliario escaso en número y de sencillo diseño alejado deliberadamente del *Kitsch* vienés de décadas pasadas.

[3] La casa se comienza a proyectar en 1926, finalizándose en la Navidad de 1929. Adolf Hitler llega al poder en 1933, y en 1938 llegaría el *Anchluss* –lit. continuidad, la anexión- de Austria por parte de Alemania.

[4] La serie realizada por Moritz Nähr, amigo de Wittgenstein, en 1929 es especialmente descriptiva

[5] El intento de hacer *tabula rasa* en los centros históricos de tantas ciudades arrancaba con planes como el Voisin de Le Corbusier.

[6] Ludwig Hilberseimer *"Grosztadt Architektur"* 1925

[7] Aunque, como hemos visto, dista mucho de ser modular.

[8] Juan Navarro Baldeweg *"La habitación Vacante"* 1999.

[9] Puesto que está siempre presente; hasta su destrucción –u olvido-.

[10] Revocos de cal, metal en vez de madera; ausencia de carpinterías, persianas blindadas...

[11] Más amplio que la propia vida de los Wittgenstein, por supuesto.

[12] Wittgenstein, Hermine, Op. Cit.

[13] Juan Navarro Baldeweg, Op. Cit..

[14]. Pese a la informidad de los caminos interiores, el acceso está bien reglado según tres sencillos movimientos fundamentales: penetración, giro y entrada.

[15] Las imágenes que realiza Moritz Nähr en 1929 ya mostraban una casa desnuda, sin referencia a mobiliario ni entorno, queriéndose separar deliberadamente de sus contemporáneos que fotografiaban sus edificios ya con mobiliario puesto que lo entendían como una parte más de los diferentes añadidos de la arquitectura.

[16] Le Corbusier. *"La casa del hombre"*

[17] Entendida en Wittgenstein como corolario contemporáneo de la filosofía socrática aplicada desde la coherencia de la exigencia personal.

[18] "se ubica una vara en un campo y se ordena" en « La maison des hommes » de Le Corbusier.

EL MOVIMIENTO

[1] Los elementos se repiten por doquier en ámbitos de todas las plantas.

[2] El carácter repetitivo de los elementos y ambiente de las salas hacen que la orientación en la casa mediante la identidad de las salas sea muy difícil, especialmente en las plantas superiores.

[3] Inevitables las referencias a Venecia y su modo de transito.

[4] O bien a modo de una investigación sobre el comportamiento, como los ratones, en todo caso asociado a respuestas automáticas y condicionadas por la intuición de la relación acción-reacción

[5] Incluyendo la primera "periferia" de estos barrios.

[6] Poseían varios Mercedes, que gustaban usar para paseos conducidos por el centro. (en *"diarios de familia"* de Hermine Wittgenstein")

[7] Eliminado y ampliado en la sala de conferencias y exposiciones que se realiza tras la rehabilitación.

[8] Virilio, Paul *"Estética de la desaparición"*.

[9] Pretendida como tal y resultado de la falsa simplicidad constructiva.

PARTE IV. AMPLIAR LA NOCIÓN DE HABITAR

CONSTRUIR PARA PERMANECER FUERA DEL TIEMPO LINEAL

[1] Términos diferenciados según la distinción Heideggeriana en *"Ser y Tiempo"*.

[2] Wittgenstein, Ludwig. *"Aforismos, cultura y valor"* en *"cuadernos secretos"*, 1917

[3] Comentario en "Tiempo y Arquitectura" del arquitecto Sergio Pequeño. Conferencia en la ETSA de Granada, Abril de 2002.

[4] De la dicotomía de la utilización de la construcción técnica (la cabaña primitiva) para conseguir un espacio continuo y abierto sólo a su exterior (la cueva) surge la dificultad de la diferenciación.

[5] Visuales separativas de unas salas a otras, pero no inconexas, dado que se intuyen de un ámbito a otro.

ESTRUCTURAR DESDE LA HISTORIA

[1] Destilación anti positivista última del *"ser- ahí"* Heideggeriano.

[2] Ver "El concepto de tiempo" de Martin Heidegger.

[3] El arquitecto de proyectos históricos se siente seguro transitando por caminos similares a los que ha marcado la historia. Esto ha de ser un valor añadido al proyecto, no una excusa para no pensar.

[4] Gianni Vattimo, *"La aventura de la diferencia"*.

[5] Villa Steiner, Villa en el Lido, v.gr.

[6] De la misma forma en la que se estaba investigando por algunos arquitectos que, con pleno conocimiento, estaban fundando el Movimiento Moderno.

[7] En la que los fenómenos límite dentro de los cuales se conforma la experiencia arquitectónica llegan a traspasar el campo de la experiencia empírica para llegar a superponer consciente y subconsciente.

[8]. Cuyos rastros la ineficacia de la crítica de corte hegeliana se ha encargado de borrar hasta el "redescubrimiento" de la casa a principios de los 70.

[9]. Las estancias principales queda reservadas a propietarios e invitados, que además han de hacer un breve *tour* alrededor de ésta para poder acceder a ella, experimentando el tamaño de una pieza no jalonada por decoración añadida alguna.

[10]. Concepto renacentista nacido de la revolucionaria teoría copernicana de la continuidad universal enunciada en su *"De revolutionibus orbium caelestium"* de 1543, que supera los absolutos aristotélicos para enunciar la conformación universal en continuo.

[11]. Denominada desde *"spiritus mundi"* desde el s. XII hasta "éter" en el s. XVII.

[12]. En *"things themselves are lying, so are their images" Interviews with Robert Le ricolais, 1973.*

[13]. Por el lingüista Ferdinad de Saussure entre 1906 y 1911 y establecido como sistema ya en 1916.

[14]. Ver figura de representación del sistema de decisiones en relación a los espacios de la casa; por lo que la tolerancia de esta correspondencia no es aceptable según el enunciado y, por tanto, quedan bastante alejadas de las cualidades que caracterizan la casa.

[15]. 45 años más tarde de la finalización de la casa; expresadas estos extremos activos como "habitaciones".

[16]. Carlos Arroyo *"Umbrales del desorden"* en Circo n° 75

ACTIVAR LOS ESPACIOS MEDIANTE LA ACCIÓN

[1] Que en la imaginería del Abad M.A. Lauguier se definía con elementos vegetales pero con uniones normales entre sí.

[2] No es únicamente material sino intelectivo e histórico, precisamente por la dinámica interpretativa generada por la casa.

[3] Para Russel, dos figuras habrían girado radicalmente el desarrollo del siglo XX: Einstein en física y Wittgenstein en filosofía. Ambos son radicales en su planteamiento de la globalidad.

[4] Presentación sintética de la sociedad exterior a la casa, que en suerte le ha tocado a modo de tiempo particular de su existencia concreta.

[5] Espacios que superan la dimensión de las habitaciones, pues se relacionan entre sí y con el exterior.

[6] Espacio adherido que ya advertía Bruce Nauman en varias obras.

[7] Únicamente en planta baja, como ya se ha delimitado anteriormente.

[8] Quedaban definidos en el capítulo anterior.

[9] Definición del *"completo"* en San Agustín.

[10]. Que generan emociones concretas en contraste con una interpretación cultural de algo no explicable desde el accionario doméstico.

[11] Esta consideración de considerar la planta constituida desde una seriación de ámbitos claramente compartimentados es justificable al hacer una atenta lectura de las plantas, pero desaparece por completo al recorrer la planta principal del *palais*.

[12] Excepto el plano del suelo, por supuesto, que es soporte de estancia y movimiento.

[13] Inmanuel Kant consideraba decisivo el provecho moral de la contemplación del arte en su *"estética idealista"*.

[14] Otro de los múltiples conceptos de "verdad" según una coherencia entre extremos.

[15] Concepción ésta que explica la paradoja de que un vacío pueda emitir partículas, como ocurre en los *agujeros negros*.

[16] Puede que accidentalmente para sus autores y propietarios.

[17] Camilo Sitte en su *"construcción de ciudades según principios artísticos"* refleja la Viena de finales del s. XIX y sus modos de producción de escenas urbanas, sin distinción figural entre "monumento" y "residencia".

[18] Histórico, interpretativo y cultural, las tres esferas de la *"fama"* personal según Bergson.

[19] Pero que la limita en su corporeidad, desventaja material que no sufren las arquitecturas ausentes.

[20] Producto de un proceso mental en el que la toma de decisiones no es lineal ni unívoca, sino afectable en los dos sentidos de la relación entre sujeto y objeto.

[21] Experiencia háptica que se produce por la activación de los sentidos en conjunto.

PROYECTAR LA VERDAD

[1] Etimológicamente en griego, el origen de la palabra *arki-tectos*; según Pedro Azara en *"Castillos en el aire"*.

[2] Ballesteros, José. *"Ser artificial: glosario práctico para verlo todo de otra manera"*.

[3] En relación a la generalidad del conjunto.

[4] Y es la interpretación muy mayoritaria que al *palais* se le da desde la disciplina de la filosofía.

[5] No una Verdad universal, sólo sintetizada en la naturaleza de Dios, sino la verdad concreta como coincidencia entre realidad y representación.

PARTE V. LA ARQUITECTURA QUE CAMBIA EL MUNDO

EL PROCESO DE PROYECTO Y OBRA CAMBIA LA FILOSOFÍA DEL S.XX

[1] En la base de todo inicio de cualquier croquis de proyecto, aunque se intente negar según procesos automatizados que intentan hacer del arquitecto un programador de condiciones de contorno.

[2] La separación entre "corpus" y "anima" Platónica es más que evidente en esta concepción de proyecto.

[3] Hermine Wittgenstein, Op. Cit.

[4] Que sería la principal causa para sus posteriores detractores del Team X y subsiguientes.

[5] Una universalidad no universal, sino puntual. La suma de puntuales, sin embargo, no constituye la generalidad, desmintiendo uno de los enunciados del *Tractatus*.

[6] Que será nunca final, siempre abierta, pues los procesos son abiertos aunque la obra se encuentre construida, siempre se puede seguir pensando.

[7] En su *"History of Western Philosophy"*.

[8] Pensemos los cambios en nuestras ciudades que habrán posibilitado la aparición de la *Ville Saboie*, El *Cabanon* de Cap Martin, las casas patio de Mies van der Rohe...

[9] *Contorno* que no implica únicamente un límite, sino una forma limitada.

[10] Hilberseimer, Ludwig *"Grosztadt Architektur"*, 1925.

[11] Especialmente a nivel económico.

[12] Y por ende, al mundo y al arte, para siempre.

[13] De no ser por la complejidad creciente de la relación del humano con la naturaleza y entre sí, el lenguaje no hubiera superado el gruñido neolítico según este principio.

[14] Wittgenstein comenzó a vivir en las viviendas que había en el Noreste del jardín, que ya existían y quedaron incorporadas como casa de guardeses. Allí estuvo hasta el final de la obra, más de dos años, dedicado únicamente a ella.

[15] Para el empirismo, las sensaciones son siempre relativas a entes físicos tangibles y visibles.

[16] Wittgenstein, Ludwig, Op. Cit.

[17] Comentarios a la arquitectura en *"Investigaciones Filosóficas"*, L. Wittgenstein.

BIBLIOGRAFÍA

BIBLIOGRAFÍA RECOMENDADA SOBRE ARQUITECTURA Y PENSAMIENTO

Adorno, Theodor W. *"Äestetische Theorie"* trad en *"Teoría estética"* ed. Orbis Barcelona 1983.

Aicher, Otl. *"Analógico y Digital"* trad. de Yves Zimmermann, 2000. Ed. GGili, Barcelona 2001

Aicher, Otl. *"el mundo como proyecto"* (trad. De Inge Aicher-Scholl) ed. GGili, Barcelona 1994.

Azara, Pedro *"Castillos en el aire. Mito y Arquitectura en Occidente"* Ed. GGili, Barcelona 2005

Bachelard, Gaston *"La Poética del espacio"* ed. FCE México DF 2002

Ballesteros, José *"Ser artificial: glosario práctico para verlo todo de otra manera"* ed Arquia 2009

Baudrillard, Jean *"El sistema de objetos"* ed. Siglo XXI, Madrid 1969

Benjamin, Walter *"La obra de arte en la época de la reproductibilidad técnica"* ed. Suhrkamp, Frankfurt 1955 trad. En *"Discursos interrumpidos"* ed. Planeta, Barcelona 1994.

Bürger, Peter *"Crítica de la estética idealista"* Ed. Visor Madrid 1996.

Broch, Hermann *"Die Schlafwandler"* (Los sonámbulos) ed. Lumen, Barcelona 1986

Capitel, Antón *"las formas ilusorias en la arquitectura moderna"* ed. Tanais, Sevilla 2004

Capitel, Antón *"las columnas de Mies"* ed. COArquitectos Andalucía Occidental Cádiz 2004

Fischer, Kurt Rudolf *"Philosophie von Brentano bis Wittgenstein"* ed. UTB Viena, 2008

Frampton, Kenneth *"Historia crítica de la arquitectura moderna"* ed. GG, Barcelona 1996

Gadamer, Hans Georg. *"Verdad y método"* ed. Tübingen 1965, trad. Salamanca 1977

Heidegger, Martin *"Der Begriff der Zeit"* conferencia ante la Soc. teológica de Marbürg, 1924. Trad. De Raúl Gabás y Adrián Escudero 1995 *"El concepto de tiempo"*. Ed. Trotta, Madrid 1999

Heidegger, Martin *"¿Por qué permanecemos en provincias?* Traducción de Jorge Rodríguez del texto original de 1934 recogido en "Nachlese zu Heidegger" de Guido Schneebart. Traducción publicada en revista Eco, Marzo 1963.

Heidegger, Martin *"Conferencias y artículos"* Ediciones del Serbal, España 1994.

Heidegger, Martin *"el concepto de tiempo"* Ed. Trotta, Madrid, 1999.

Hernández León, Juan Miguel. *"La casa de un solo muro"* Ed. Nerea Madrid 1990.

Herreros Guerra, Juan *"detalles constructivos y otros fetiches perversos"* Ed.GC. Valencia, 2002.

Jarauta, Francisco. *"Pensar el presente"* ensayo 29/5/89 Círculo de BBAA. Madrid, 1990.

Jeanerette, Pierre (L.C.) *"Vers une architecture"* Ed. Apóstrofe Barcelona 1998

Jeanerette, Pierre (L.C.) « La maison des hommes » Ed. Apórtofe Barcelona 1999

Loos, Adolf. ensayos *"Arkitektur"*1910, *" Ornamento y delito"*1908, *"Lo dicho en el vacío"* 1921, de *"Escritos I y II"* Ed. El croquis, Madrid 1997.

Lukács, George *"El asalto a la razón"* ed. Grijalbo, Barcelona 1976

Merleau-Ponty, Maurice *"Teoría de la percepción"* ed Gallimard París 1945 trad. Ed. Planeta Agostini Bcn 1985

Miranda, Antonio *"Ni robot ni bufón. Manual para la crítica de Arquitectura"* Ed. Cátedra, 1999

Moreno Mansilla, Luis. *"Apuntes de viaje al interior del tiempo"* Arquia, Barcelona, 2002

Morris, A.E. *"History of urban forms"* ed. GGili, Barcelona, 1984

Navarro Baldeweg, Juan *"el horizonte en la mano"* ed. R.A.B.A. de San Fernando, 2003

Navarro Baldeweg, Juan *"La habitación vacante"* Ed. Pre-textos 1ªed, Gerona 1999

Paden, Roger *"Mysticism and Architecture"* ed. Lexington Books New York 2007

Pizza, Antonio. *"La construcción del pasado"* Ed. Celeste, Madrid 2000

Ribas, Alberto. *"Biografía del vacío"* Ed. Destino, Barcelona 1997.

Rowe, Colin *"Manierismo, arquitectura moderna y otos ensayos"* ed. GG, Barcelona 1978

Russel, Bertrand *"Historia de la filosofía occidental"* Colección Austral. 8ª Ed. Espasa, Madrid

Simmel, Georg. *"El individuo y la libertad"* Ed. Península, Barcelona 1971.

Sloterdijk, Peter *"el desprecio de las masas"* ed. Pre-textos Valencia 2002

Subirats, Eduardo *"Linterna mágica"* Ed. Siruela, Barcelona 1997

Turnovsky, Jan *"The Poetics of a Wall Projection"* Architectural Association Publications Londres 2008

Vattimo, Gianni *"Le aventure della differenza"* traducido en Ed. Península Barcelona 1985.

Veblen, Thorstein *"Theory of the leisure class"* 1899. Reed. FCE, Madrid, 1994.

Virilio, Paul *"Estética de la desaparición"* ed. Anagrama Barcelona 1988

Zumthor, Peter *"atmospheres"* conferencias de la ETH de Zurich. Ed GGili, Barcelona 2008.

BIBLIOGRAFÍA RECOMENDADA SOBRE LUDWIG WITTGENSTEIN

Bakacsy, Judith *"Paul Engelmann and the Central European Heritage. The Path from Olomouc to Israel"* Ed. Folio Verlag Viena 1999.

Bernhard, Thomas *"Wittgenstein´s Nephew"* ed. Suhrkamp Verlag, Frankfurt am Main 1982. reed. Anagrama, Barcelona 1988.

Clemente Quintana, Enrique *"el proyecto de la casa de Ludwig Wittgenstein en Skjolden"* Tesis doctoral, UPV, 2015.

Eccles, William. *"Some letters from Ludwig Wittgenstein"* en revista Hermaterma, n° 97, 1963.

Engelmann, Paul. *"Letters from Ludwig Wittgenstein"* Trad. De L.Furtmüller ed. Basil Blackwell, Oxford 1967.

Engelmann, Paul: *"Adolf Loos"*. Ed. Engelmann, Tel Aviv, 1946. Ed. Facsímil Architektur und Baufachverlag Viena 1984.

Hoffman, Werner *"Ludwig Wittgenstein, ein philosoph als architekt"* articulo en revista BAU n°1 Viena, 1969

Högel, Klaus-Peter *"Ludwig Wittgenstein als Architekt"* ed. Eigenverlag Viena 1993

Janick, Allan & Toulmin, Simon *"Wittgenstein Vienna"* ed. Simon and Schuster, New York 1973 (trad al español por revista Taurus, Enero 1983)

Kapfinger, Otto *"Raum für notizen als Haus"* artículo en revista INFORM 2 Salzburgo, Austria 1989

Kapfinger, Otto *"Haus Wittgenstein: eine dokumentation"* ed. Eigenverlag Viena 1984

Leinfellner, Elisabeth & Windholz, Sascha *"Ludwig Wittgenstein. Ein Volksschullehrer in Niederšsterreich"* ed. Sutton Verlag Münich 2005

Leitner, Bernhard. *"The Wittgenstein House"* ed. Princeton Architectural Press. New York, 2000

López Arquillo, Juan Diego. *"Proyectar la verdad: la casa Wittgenstein"*. Tesis doctoral ETSAM-UPM, Madrid, 2013

Monk, Ray. *"Ludwig Wittgenstein"* ed. Anagrama, Barcelona 1994

Poisson, Celine *"Wittgenstein, art and architecture"* catálogo del symposium en el Canadian Centre for Architecture en Octubre de 2005. Ed. CCA, Montreal 2006

Schneider, Ursula (coord) *"Paul Engelmann (1891 - 1965): Architektur Judentum Wiener Moderne"* ed. Folio Verlag Viena 1999

Shar, Adam *"La cabaña de Heidegger. Un espacio para pensar"*. Ed GG, Barcelona, 2015.

VV.AA. *"cabañas para pensar"* catálogo de la exposición homónima, ed. Maia, Madrid, 2014

Wijdeveld, Paul *"Ludwig Wittgenstein Architetto"* ed. Electa, Milán 2000

Wittgenstein, Hermine *"Escritos de familia"* ed. Verlag Viena 1996

Wittgenstein, Ludwig. *"Tractatus Logico-Philosphicus"* ed. Alianza Editorial Madrid 2003.

Wittgenstein, Ludwig. *"Investigaciones Filosóficas"* ed. Crítica, UNAM Barcelona-México 1988

Wittgenstein, Ludwig *"Diario filosófico"* ed. Ariel, Barcelona, 1982

Wittgenstein, Ludwig *"Diarios secretos"* Ed. de Wilhelm Baum trad. ed. Alianza Editorial. Madrid, 1991.

Wittgenstein, Ludwig *"Los cuadernos azul y marrón"* ed. Tecnos. Madrid, 1993

Wittgenstein, Ludwig *"Observaciones sobre los colores"* Ediciones Paidós y UNAM Barcelona, 1994.

Wittgenstein, Ludwig *"Sobre la certeza"* ed. Gedisa Barcelona, 1995

www.ingramcontent.com/pod-product-compliance
Lightning Source LLC
Chambersburg PA
CBHW032126160426
43197CB00008B/528